BRETAGNE
ET
GRANDE-BRETAGNE
ITALIE ET SICILE (1879-1883)

PAR

L'ABBÉ LUCIEN VIGNERON

DU CLERGÉ DE PARIS, OFFICIER D'ACADÉMIE
CHEVALIER DE L'ORDRE MILITAIRE DU CHRIST,
MEMBRE DE LA SOCIÉTÉ DES GENS DE LETTRES

Alfred Mame et Fils
Éditeurs
Tours

BRETAGNE
ET
GRANDE-BRETAGNE

2ᵉ SÉRIE IN-8º

PROPRIÉTÉ DES ÉDITEURS

Le palais du Parlement, à Londres. (P. 62.)

BRETAGNE
ET
GRANDE-BRETAGNE

I

AURAY. — LE CHAMP DES MARTYRS. — SAINTE-ANNE

Une des plus jolies excursions que l'on puisse faire, c'est l'excursion de Bretagne; mais quand je dis Bretagne, j'entends surtout la partie de cette vieille province où l'on *bretonne*, la Bretagne *vierge*, qui a conservé son langage, ses costumes, ses mœurs antiques. Ah! les braves gens! le bon pays! le bon air qu'on y respire! Comme on y est loin du fracas des grandes villes, et comme le chrétien s'y sent à l'aise, en pleine liberté, au milieu de l'immensité de la lande, en face de la grande mer et sous le beau soleil du bon Dieu!

En voyageant à l'étranger, je rencontrai un jour Mgr X***, prélat romain de bonne mine et de fière tournure : il était prélat romain, mais gentilhomme français et breton; tout en causant de choses et d'autres, et surtout du pays natal, il me fit promettre d'aller voir la Bretagne, et, pour m'y obliger en quelque sorte, il me donna l'adresse d'un de ses cousins qui habitait Pontivy; de retour à Paris, un beau matin, je me rappelai tout cela et je partis par la route de Chartres.

Je couchai à Rennes; le lendemain matin je traversai Saint-Brieuc, et à midi j'étais à Pontivy.

J'allai dans l'après-dîner voir le cousin du prélat, qui me reçut avec la plus parfaite cordialité; belle figure de magistrat, tête à la Mirabeau, esprit distingué, taille de géant, voilà son portrait; avec cela un solide chrétien et un Breton de vieille roche. Il est mort maintenant; et j'ai pensé plus d'une fois à la bonne course qu'il me fit faire dans Pontivy, ville de 7,000 habitants située sur le Blavet, ornée par Napoléon, — qui a voulu lui donner son nom, — de nombreuses casernes et de grandes esplanades, mais dont il faut voir le château seulement, et puis partir.

Le vieux manoir des ducs de Rohan a été construit en 1485 par Jehan de Rohan, sur le penchant d'une colline; des quatre tours qui flanquaient le corps de logis, on en voit encore deux entières; les murs ont trois à quatre mètres d'épaisseur; ils sont couronnés de mâchicoulis, ainsi que les courtines; les douves, à demi comblées, sont transformées en prairies, et il y a deci, delà des ponts-levis, des poternes, des cours d'honneur. On voit à l'intérieur la chambre du duc, l'appartement de la châtelaine, la salle du corps de garde : rien n'y manque; j'étais ravi. Le château est devenu un couvent de religieuses de la Charité, qui semblent être fort au large dans cette demeure aristocratique. Mon compagnon disait en revenant : « Il y a des gens qui crient contre les nobles; eh! les nobles avaient des avantages autrefois sans doute, mais ils faisaient une besogne considérable : ils étaient tout à la fois préfets, maires, juges, etc., et ils avaient naturellement tous les inconvénients de leurs charges. »

De Pontivy à Auray, deux heures et demie en chemin de fer; quand on descend de wagon, on doit dire adieu au progrès moderne et à ses mirifiques inventions : nous allons faire connaissance avec les coches, les diligences, les auberges de campagne, le pain de ménage et la vie d'autrefois. Vive la joie !

Mais il pleut : au sortir de la gare, il faut s'incruster au fond d'un omnibus où il n'y a de la place que pour huit, et où quinze personnes se précipitent et s'entassent, au risque de voir la vieille machine craquer et s'effondrer par tous les bouts... N'importe! nous nous rendons au grand trot à l'*hôtel de la Poste*, et nous nous efforçons de nous réchauffer au moyen d'un repas assaisonné de crevettes et de beurre salé et arrosé de bon cidre du pays.

Le lendemain, heureusement, le soleil perce un peu les nuages et vient dorer la riante petite ville coquettement assise en amphithéâtre au bord de la rivière du Loch, qui la sépare en deux parties : la ville haute et la ville basse. Celle-ci, appelée Saint-Gonstant, le berceau d'Auray, s'étend le long des quais un peu déserts : çà et là quelques boutiques d'épiciers, deux ou trois marchands d'ustensiles de pêche et d'engins maritimes; au dehors, des madriers, des piles de planches, un matériel de parcs à huîtres, une guérite de douaniers; sur la rivière, un nombre très restreint de barques de pêche ou de plaisance, et parfois le petit vapeur qui fait le service d'Auray à Belle-Isle, tel est l'aspect du port, que le chemin de fer a tué.

Quant à la ville haute, elle a une certaine animation, surtout les jours de marché, comme je pouvais le voir. Les paysans y affluent dans la matinée; le spectacle est assez curieux : tous les hommes me tiraient en passant leurs grands chapeaux, les femmes en coiffes blanches me faisaient une inclination profonde; à la fin, je pris le parti de me découvrir tout à fait, et, comme on continuait à m'obséder de politesses, je me vis forcé de fuir ces braves gens et je portai mes pas vers la promenade de la ville. Elle est remarquable surtout par sa magnifique esplanade et par le belvédère du haut duquel les yeux embrassent une grande étendue de pays et peuvent suivre pendant assez longtemps les sinuosités de la rivière d'Auray courant vers la mer, ou s'arrêter sur le sommet de la tour de Sainte-Anne, qui domine de toute sa hauteur la grande plaine bretonne.

Je revins là encore dans l'après-midi : il y faisait si bon et si frais ! Pour éviter une ondée, j'entrai dans la chapelle du Père-Éternel, située tout près à l'entrée; on y voit dans le chœur des boiseries finement sculptées qui viennent de la Chartreuse, dont nous aurons occasion de parler. La pluie tombait dru sur le vieux toit d'ardoises et fouettait les vitres; il n'y avait personne dans l'église, nul bruit au dehors; les paysans étaient repartis chacun pour son bourg ou son village. Il s'était fait un grand apaisement et un grand silence; un vague parfum de cire et d'encens flottait dans l'air, et on se serait cru là au fond des solitudes les plus reculées. Quel endroit délicieux pour se reposer et prier à son aise !

Après avoir vu la promenade, on peut flâner un peu par la ville, qui est toute provinciale et n'a pas un bien grand caractère; on y remarque la halle, sur la place du Marché, un grand édifice à toit immense et surbaissé, et l'église Saint-Gildas et ses vitraux, qui racontent l'histoire du saint patron. Le retable du maître-autel est peut-être aussi à citer, mais je n'en dirai pas autant des autels latéraux.

Il est des historiens qui font remonter l'origine d'Auray jusqu'au roi Arthur (VIe siècle); le premier document authentique qui nous parle de cette ville est daté de 1069 et porte la signature d'Hoël Ier, duc de Bretagne, en son château d'Alras; un autre document daté de 1082 se termine par ces mots : *Factum est hoc apud castrum Alras, Hoëlo comite ibi curiam tenente cum multis baronibus.* Pendant deux ans, de 1286 à 1288, le château vit siéger dans son enceinte la Cour des comptes de Bretagne, et, en 1289, le parlement de la province y fut convoqué par Jean II.

On connaît la célèbre bataille d'Auray (1364) qui termina la querelle de Jean de Montfort et de Charles de Blois, et où celui-ci perdit la vie en même temps que du Guesclin perdait la liberté. Ne cherchons pas les restes du château : il n'y a plus rien ; les dernières pierres, d'après l'ordre d'Henri II, roi de France, ont été transportées en 1558 à Belle-Isle-en-Mer, pour y construire la forteresse.

Mais le grand attrait d'Auray n'est pas tant dans la ville même qu'aux environs ; aussi nous allons nous diriger du côté de la gare du chemin de fer, et nous irons voir tout près la Chartreuse, puis nous irons au champ des Martyrs et à Sainte-Anne. L'excursion est intéressante.

C'est Jean IV de Bretagne qui éleva une collégiale à cet endroit même où il avait remporté la victoire sur son compétiteur Charles de Blois ; plus tard, en 1481, la collégiale devint chartreuse ; en 1791 la chartreuse fut vendue ; en 1810, on installait dans le bâtiment un institut de sourds-muets pour les femmes ; il y est toujours resté.

On arrive à la chartreuse d'Auray par un chemin qui passe près d'un joli petit bois, au bout duquel on aperçoit le portique d'une chapelle ; j'aime cette chapelle, vue ainsi à travers la feuillée, et son fronton où se détache cette belle inscription : *Gallia mœrens posuit* : « La France en pleurs a élevé ce monument. » Dans l'intérieur, au centre, s'élève un mausolée en marbre blanc orné de génies, de palmes, de flambeaux renversés ; il recouvre un caveau funéraire, dans lequel on pénètre par une porte de bronze ; le vieux gardien sourd et muet lève alors une trappe, prend un chandelier de fer, et, au moyen d'une chaîne, le descend au fond du caveau sur des crânes et des ossements, qu'il est permis de contempler ainsi bien à son aise. L'écusson de France brille au milieu de la voûte de la chapelle semée de fleurs de lis ; c'est Mme la duchesse d'Angoulême qui a posé la première pierre de ce monument en 1823, pour y faire transporter les corps des prisonniers royalistes fusillés non loin de là, au champ des Martyrs, et qui reposaient à l'endroit même de leur supplice, que nous allons visiter de ce pas.

Une route ombragée nous amène en descendant vers un moulin, un étang et une ferme ; nous tournons autour d'une petite colline à droite, et nous voici devant une croix de granit, à l'entrée d'une sombre et odorante avenue de sapins qui borde à gauche un grand marais ; au bout, un champ clos par un petit mur à hauteur d'appui et couvert de hautes herbes ; à l'extrémité du champ, un petit temple grec élevé encore par Mme la duchesse d'Angoulême. Lisez l'inscription du fronton : *Hic ceciderunt :* « C'est ici qu'ils tombèrent ! » J'ai vu bien des endroits historiques, tout pleins de lugubres souvenirs ; j'ai vu les prisons, les ruelles et les coins sombres où la Commune a assassiné ses otages, et là je sentais mon cœur serré comme dans un étau, mon âme remplie d'horreur et d'épouvante, et le froid de la pierre nue et sanglante me donnait le frisson ; rien, rien, pour consoler et pour ranimer ; oh ! pauvres chers martyrs ! Vous n'aviez pas même un rayon de soleil pour éclairer et faire resplendir ces fronts que vous leviez hauts et fiers, et ils vous ont tués, pour ainsi dire, dans vos linceuls et vos draps mortuaires !

Mais ici il n'en est plus de même, et il semble que les bourreaux d'il y a cent ans aient voulu donner à la mort de ces paysans bretons un cadre digne d'eux. Quatre mille prisonniers royalistes pris à la presqu'île de Quibéron par les troupes républicaines, nobles et roturiers, ont été amenés ici cent par cent, et fusillés lâchement par ordre de la Convention, du 1er au 25 août 1795. Ils ne parlaient pas, ils ne se plaignaient pas, dit l'histoire ; seulement, de temps en temps, quelques cris de : Vive le Roi ! et le murmure d'une prière ; on se figure la scène : un soleil superbe illuminant le val du Kerso et les marais du Brech, et venant se jouer sur ces physionomies resplendissantes de fidélité et d'enthousiasme pour la bonne cause ; les soldats de Hoche, les *bleus*, l'arme au bras, un roulement de tambour, une détonation qui déchire l'air, des files de cadavres étendus dans l'herbe, et puis... le grand silence, troublé à peine par le chœur des cigales qui chantent leur hymne au brûlant soleil d'été.

On reste là des heures à songer, à se promener tranquillement, doucement, en respirant un air pur, salubre, vivifiant; on perd même la notion du temps; il fallut qu'une gardeuse de vaches vînt à moi, et me demandât en mauvais français l'heure qu'il était, pour me rappeler midi.

Types bretons.

Elle poussa ses bêtes vers la ferme voisine, et moi j'entrai dans une chaumière au toit moussu, que j'apercevais à deux pas.

C'était une sorte de restaurant champêtre; il y avait même une façon d'enseigne au-dessus de la porte vermoulue : *A la réunion des amis, bon marché aujourd'hui, demain pour rien!* Naturellement demain n'arrive jamais, puisque l'enseigne subsiste toujours. Quoi qu'il en soit, je trouvai là une bonne vieille qui filait, et sa fille, occupée à divers travaux de ménage ; on me conduisit dans une chambre à côté, qui était la chambre à coucher, à en juger par un lit breton perché si haut, qu'il fallait un banc déjà élevé pour y atteindre. On ne sait peut-être pas ce que c'est qu'un lit breton : une large caisse en bois, au milieu de laquelle une légère ouverture carrée laisse entrevoir les couches et les matelas ; de petites fanfreluches en indienne découpée pendillent au-dessus du lit, et sont attachées à la partie supérieure de l'ouverture, qui n'est commode que tout juste quand il s'agit, le soir, de prendre ce monument d'assaut ; je ne sais pas comment on peut dormir là dedans sans air, et je ne sais pas surtout comment on peut y retourner la literie ; mais je pense qu'ils ne connaissent pas ce détail.

On plaça mon couvert sur une table branlante près de la fenêtre ; le couvert était en étain, le couteau valait bien un sou, mais le cidre ne paraissait pas frelaté, l'omelette avait des proportions colossales, et le beurre était bon, servi dans une assiette peinturlurée qui représentait la Résurrection de Jésus-Christ. Tout en mangeant et en repoussant une armée de poules et de canards, qui voulaient à toute force mettre les pieds dans le plat, j'examinai encore l'appartement : il y avait un crucifix près du lit, et, à la place d'honneur, sur la muraille, un tableau de tous les pavillons connus qu'on peut arborer sur les navires du monde entier, et une pauvre petite photographie de mousse, un fils en mer sans doute. Une heure de repos passée dans cette chaumière et ce festin de Balthazar, auquel vient s'ajouter encore une tasse de café réconfortant, coûtent vingt sols au pèlerin de Sainte-Anne d'Auray.

J'avais du temps devant moi, aussi je me mis à flâner ; un ravissant chemin s'ouvrant tout près de la croix de granit m'attirait : qu'est-ce que ce chemin vert qui s'enfonce entre les hauts talus des champs voisins ? Je n'en sais rien ; il y avait comme trois allées, dont deux tout en herbes et en fleurs ; terrain perdu pour l'utilité et le rendement, dira-t-on, mais non pour la poésie : oh! le charmant gazon dru et serré. La feluque des brebis, la cretelle et le paturin des prés, toutes plantes fourragères, y poussent à l'envi, comme aussi le thym et le serpolet, et çà et là les touffes de pimprenelle, les rouges digitales et les scabieuses lilas; les chênes nains et les saules viennent sur les talus, répandant partout une ombre propice au repos et au sommeil.

Je dormirais bien là dans le silence de la méridienne, mais cette campagne me tente et excite mes désirs : je veux voir, je reviens vers le champ des Martyrs, et je m'enfonce derrière, dans les chemins creux qui serpentent entre les collines boisées, sous l'épaisse feuillée, les frondaisons, les ramures; toujours ces hauts talus, ces murs de terre qui bordent les champs et les jardins des fermes, et de chaque côté de la route, ou plutôt du sentier, à peine assez large pour laisser passer une charrette aux grosses roues à jantes pleines, des frênes, des hêtres, des ormes, des platanes et de grands châtaigniers touffus. Je plonge la tête au-dessus des haies et des bosquets serrés d'épine-vinette et de sureau aux grands bras de squelette, et j'entrevois un admirable fouillis où s'enlacent et s'entre-croisent les chèvrefeuilles, les douces-amères aux grappes rouges et les lierres sombres et rampants sur je ne sais quelles ruines de murs et de clôtures. Là poussent en liberté toutes sortes de plantes agrestes, les gros bouillons blancs à longues tiges, la bardane poussiéreuse, les touffes de morelle et d'aulnée, les gentianes oranges, les soucis à grosses marguerites jaunes, les chardons aux énormes pompons, aux feuilles découpées en acanthe, les gigantesques tournesols, les pavots gras, les chanvres déliés et les piquantes orties. Quel bain de verdure et de couleurs! et je ne sais vraiment ce qu'il faut choisir entre l'herbe et l'eau, car de tous les coins jaillissent des filets d'eau; j'entends sourdre partout des sources et des fontaines murmurantes, et voici un lavoir où les paysannes battent leur linge, et des abreuvoirs où les bestiaux boivent à longs traits. C'est la pure campagne, et voilà les délices du grand air, ou je ne m'y connais pas.

Si l'on veut maintenant revenir prendre le chemin de Sainte-Anne, on tombe en de nouveaux enchantements, et j'affirme qu'après avoir traversé le vieux pont de bois qui est jeté sur le ruisseau du Brech, en remontant le long du coteau à droite, j'ai cru voir un coin de la Suisse. Ce qu'il y a de particulier dans ce paysage des environs d'Auray, ce sont précisément ses aspects variés : la scène change à tout moment; l'attrait ici est dans le ruisseau, qui bruit sous le pont pittoresque et arcadien, met en mouvement deux ou trois moulins, scintille tout au fond du val et tour à tour se précipite en cascades et en torrents, ou s'épand en nappe tranquille. Les plantes aquatiques flottent à la surface en longs filaments; on y voit, pressés sur les bords, les saules à la tête penchée, les faisceaux de joncs, les petites baguettes des prêles serrées les unes contre les autres, cannelées et annelées comme des serpents, et, en vous approchant tout près, vous y cueilleriez la jolie fleur jaune de la renoncule à cinq pétales.

Les tons verts de ces prairies, en pente de l'autre côté, me paraissent posséder au moins cinq ou six nuances, toutes admirables d'éclat et de fraîcheur. Voici, à l'extrémité du vallon, une gentille maison blanche, aux volets verts, au toit de mousse; elle est adossée à la colline qui forme le fond du tableau sous la haute futaie; je me trompe fort, ou le bonheur est là; tout semble si heureux et si riant aux alentours !

O fortunatos nimium, sua si bona nôrint
Agricolas !...

Eh bien, non, la roue du moulin tourne en clapotant joyeusement, l'oiseau chante sur la branche et dans la nue; de belles grosses vaches paissent là dans la bruyère, le petit pâtre arrache le long de ces rochers les beaux genêts d'or et les fougères pour en faire des bouquets : tout respire la joie et la vie, et le meunier chez qui j'entre un moment pour causer me dit : « Le paysan est pauvre et malheureux ; » ce qui ne les empêche pas, les bonnes gens, d'être chrétiens et charitables : une mendiante passe, mon hôte lui remplit ses poches de pommes de terre et lui met une poignée de blé dans son giron.

En haut de la colline on trouve un bois de sapins, puis la lande, et quand on a fait quelques pas, on a devant soi, presque subitement, la haute tour de la basilique de Sainte-Anne, au pied de laquelle on arrive vite par un assez beau chemin.

On sait qu'en 1623 le paysan Yves Nicolazic, averti par une vision de sainte Anne, découvrit dans un champ tout proche de la maison la statue à demi pourrie de la sainte ; il y avait eu là, de temps immémorial, — d'aucuns disent neuf cents ans, — un sanctuaire en l'honneur de la mère de la Vierge ; les carmes y furent établis. La statue miraculeuse a été brûlée en 1790, mais on est parvenu à sauver un morceau de la figure, lequel a été placé dans le socle de la nouvelle statue, où l'on peut le vénérer.

L'église du pèlerinage, reconstruite en 1866 dans le style de la renaissance, est dominée par une haute tour à flèche, surmontée de la statue colossale de sainte Anne. La statue est dorée : aussi des landes du Morbihan la découvre-t-on à de très grandes distances. La fontaine miraculeuse est à côté de l'église, sur le devant, à gauche ; en face de la fontaine on voit une grande esplanade, et un reposoir à poste fixe où, dans les jours de grandes fêtes, on fait les processions solennelles.

L'église est belle, vaste, bien proportionnée ; elle a un autel dont le retable est tout à fait dans le goût espagnol, de beaux vitraux qui retracent l'histoire du pèlerinage et un grand orgue placé au fond du sanctuaire, derrière le maître-autel. La chapelle de la sainte patronne de la Bretagne est située dans le côté droit du transept ; il est rare qu'on n'y trouve pas au moins une dizaine de personnes en prière, à toute heure, même les jours ordinaires; elles récitent les belles litanies de sainte Anne, qui commencent par l'invocation : *Avia Christi*, Sainte Anne, aïeule de Jésus-Christ, priez pour nous !

Dieu me garde, et aussi la bonne sainte Anne, de médire de son sanctuaire! mais il m'a toujours laissé un peu froid; j'aime les petites églises, les *buen retiro*, les chapelles intimes, où l'on est tout seul, dans un bon coin silencieux, pas trop clair, très près de l'autel, par conséquent du bon Dieu; à Sainte-Anne, c'est trop grand, trop haut, trop éclairé, parfois trop bruyant; l'ancienne église, que je n'ai pas vue, probablement m'aurait plu davantage. On a transporté dans la nouvelle tous les antiques ex-voto, qui jurent bien un peu sur ces beaux murs blancs; mais combien ces témoignages de la foi naïve et populaire sont touchants! Ici on voit sur ce tableau une pauvre mère qui se désole devant le berceau de son enfant à l'agonie; là un père qui s'arrache les cheveux parce que son fils est tombé à l'eau et court, entraîné sous la roue d'un moulin; une autre peinture primitive nous représente un pauvre charretier qui va trouver la mort sous son véhicule; une foule d'autres grossières images nous font assister à des tempêtes effroyables, et nous y voyons nombre de navires en perdition; mais toujours sainte Anne apparaît dans une nuée lumineuse et vient rassurer et assister ses fidèles enfants.

On me fit visiter le trésor, qui est au premier étage de la tour; les bannières et les insignes sont considérables; les couronnes de la statue sont d'une grande richesse; on m'en montra une en diamants et en saphirs qui vaut 35,000 francs; puis tour à tour défilèrent sous mes yeux des parures de soirées en pierres et en perles; l'épée offerte par la Bretagne au général de Charette, — la poignée et la lame sont celles d'une arme à l'usage d'un preux du moyen âge, — les épées des généraux de Cissey, de Sonis et Trochu, des croix de la Légion d'honneur et des médailles de sauvetage, une crosse et un ciboire merveilleux, et des canons d'autel écrits à la main par Herpin, qui fait aussi bien que les moines enlumineurs d'autrefois.

J'étais en beau chemin pour monter jusqu'au sommet, où l'on arrive après quelques efforts : il est vrai qu'on est récompensé par la vue superbe dont on y jouit à quinze lieues à la ronde sur Lorient et l'île de Groix, et les paysages de Vannes et de Carnac. Tout près, au bas, ce sont les bâtiments du petit séminaire, ses ombrages et ses prairies, et le vieux cloître qui attenait à l'ancienne église.

Le gardien, en descendant, voulut encore m'exhiber les ornements de la sacristie ; il en est de fort beaux, notamment ceux qui ont été offerts par Anne d'Autriche et la chasuble brodée par Mme la comtesse de Chambord, qui n'a pas oublié la patronne de ses bretons dévoués.

J'interrogeai aussi au sujet des pèlerinages. L'église neuve a été terminée en 1877, et il paraît que depuis ce temps-là on vient moins aux grands pardons de la Pentecôte ; seulement il y a beaucoup plus de pèlerins isolés qu'autrefois. Je suis venu plusieurs fois à Sainte-Anne d'Auray ; mais dire ce que j'ai vu là de costumes bretons de toutes les parties de la province serait chose impossible. Et ici il y a place pour une réflexion : c'est qu'il est inouï qu'en France, si près de Paris enfin, en 1881, on puisse voir encore un spectacle aussi curieux, aussi simple, aussi naïf ; spectacle offert d'abord par le costume ; on ne trouve plus de costumes pittoresques quand on voyage à travers l'Europe du Nord et du centre ; si vous désirez en voir cependant, venez à Sainte Anne d'Auray.

Les hommes, grands, bien faits, aux traits énergiques, à la figure rasée, aux longs cheveux, portent des chapeaux ronds à larges bords et à rubans de velours, qui pendent sur le dos ; des gilets ou vestes superposés, trois ou quatre de couleur grise ou bleue agrémentés de liserés de laine et ornés souvent d'un ostensoir au beau milieu du dos; ils ont la large ceinture de cuir ou d'étoffe voyante, des guêtres noires ou des bas de laine, des souliers à boucle ou encore des *bragou-bras*, braies ou culottes bouffantes au-dessus du genou.

Le vêtement des femmes est chose plus compliquée encore; autant de villages, autant de coiffes diverses; c'est la coiffe de mousseline blanche empesée ou de dentelle : elle est courte ou longue avec des barbes ou des ailes raides et tombantes, ou bien elle affecte la forme d'un cornet qui s'élève un peu derrière la tête. La robe Louis XIII se passe sur les jupes d'inégale longueur, mais de couleurs vives; le tablier de soie à bavette vient ensuite s'épingler sur le corsage, ou bien la taille est prise dans un châle de couleur sombre; le pied est chaussé dans un tout petit soulier à boucle. Avec tous ces articles de toilette et les fraises tuyautées, les collerettes plissées, les bijoux d'argent et les croix de cou en or, on conçoit que le champ est largement ouvert à la coquetterie et à l'élégance.

Les Bretonnes sont femmes, et parfois elles le montrent, comme on le voit; du reste, si chacun apporte au pardon son plus bel habit, il y apporte aussi, quel qu'il soit, homme ou femme, sa foi profonde, sa piété ardente, et c'est un autre beau spectacle de les voir prier Dieu de tout leur cœur, le chapelet à la main, agenouillés sur le pavé des églises, chantant des cantiques dans leur langue forte et gutturale, et faisant souvent plusieurs fois à genoux le tour du sanctuaire vénéré. Bonnes et saintes gens ! que j'étais content, allez, de pouvoir me dire votre compatriote ! A part ceux qui ont servi dans l'armée de terre ou de mer, ils ne me comprenaient pas, mais ça ne faisait rien; il y avait le langage du cœur entre nous, et cela suffisait.

Avant de quitter Sainte-Anne, je voulus voir cette image que mes Bretons portaient avec tant de dévotion attachée à leurs grands chapeaux noirs, enfilée entre la coiffe et le ruban. Je m'approchai d'un marchand ambulant qui, pour un sou, me donna une sainte Anne peinturlurée, tenant à la main un bouquet de roses et regardant avec compassion un matelot qui prie devant son autel et un pauvre écloppé qui lui offre ses béquilles. L'image était accompagnée d'une complainte naïve, dant je transcris ici quelques strophes, pour l'édification de mes lecteurs :

JOACHIM

Pleurez, mes yeux, dans cet affreux bocage.
Compatissez à mon affreux malheur,
Petits oiseaux, cessez votre ramage.
Et vous, rochers, brisez-vous de douleur.
Dieu de bonté, de qui je tiens mon être,
Je suis honteux de me voir sans enfant.
On rit de moi dès qu'on me voit paraître...
Ah! d'y penser mon pauvre cœur se fend!

SAINTE ANNE

Mon Dieu, mon tout, que j'aime et que j'adore,
Ayez pitié de ma stérilité;
Depuis vingt ans elle me déshonore,
Couronnez-la par la fécondité.
Je n'ose plus hanter aucune amie;
Je ne reçois que mépris et qu'affront.
Otez, Seigneur, la tache d'infamie
Qui fait monter la honte sur mon front.
C'est ainsi qu'en pensant au Messie
Le bon Joachim exprimait ses ennuis;
C'était ainsi qu'Anne, de Dieu choisie,
Passait en pleurs et les jours et les nuits,
Lorsqu'un ange leur dit qu'Anne serait enceinte
Et qu'elle enfanterait la Vierge sainte.

II

CARNAC. — LES ALIGNEMENTS

A deux heures et demie, tous les jours, la diligence de Carnac part de l'hôtel de la Poste à Auray et met deux heures environ pour faire le trajet. Je fus exact au rendez-vous qui m'avait été assigné, et nous partîmes au moment fixé. En sortant de la ville, le cocher me montra à gauche du bout de son fouet un bouquet de pins gris-argent qui cache le village de Kerléano, patrie du fameux Georges Cadoudal. Nous passons au milieu des champs cultivés et des landes couvertes de bruyères roses et de genêts jaunes qui ne finissent plus qu'à la mer. Peu d'arbres; des bouquets de chênes nains, de petits bois de pins; à droite Locmaria, sous les ormes, où l'on visite le tombeau du chevalier Pierre de Broërec. Nous gravissons le mont Salut, puis nous apercevons une éminence, le mont Saint-Michel, et à ses pieds la flèche de l'église de Carnac; nous laissons à gauche la chapelle de Coëtatoux, et des deux côtés de la route nos yeux rencontrent les fameux alignements de Carnac que nous venons de couper en deux. La diligence s'arrête devant l'hôtel des Voyageurs! un hôtel, non! une auberge, l'auberge qu'on a rêvée, l'auberge de son cœur, une vraie auberge bretonne, dans laquelle on entre par la cuisine où flamboie dans l'âtre un grand feu et où les poulets rôtissent enfilés dans la broche légendaire.

Il n'y a qu'une chose qui n'est point bretonne ici, c'est la propreté. Dame Lautram qui nous reçoit est la plus charmante hôtesse connue dans les deux mondes, une maman douce et timide, qui vous entoure de prévenances et de soins.

On s'installe au premier dans une grande chambre à balcon qui donne sur la place de l'Église, dont le haut clocher de granit s'élève si près de moi, que je puis presque le toucher du bout du doigt. Voici la mairie, là, en face de l'église à gauche ; l'air vif de la mer m'a déjà creusé l'estomac, et après un solide repas je m'achemine vers la côte. Carnac n'est pas situé tout à fait sur le rivage ; une belle route bien entretenue, de deux kilomètres de long à peu près, m'y amène, et il semble que cette distance soit comme ménagée à plaisir et faite exprès pour obliger à une promenade hygiénique et pour exciter les désirs.

La voilà donc cette mer si aimée ! La plage de Port-en-Dro est magnifique, et on a devant soi une immense nappe d'eau d'un bleu noir, frangée d'argent, qui s'étend depuis la presqu'île de Quibéron, ce long rempart qui est à droite, jusqu'à celle de Locmariaquer et Port-Navalo à gauche.

Les mouettes et les goélands dansent leur grande sarabande au-dessus des vagues bruyantes et bondissantes et des lames majestueuses qui arrivent les unes après les autres du fond de l'horizon et viennent expirer à mes pieds à intervalles égaux ; il y a une solennité, une puissance indéfinissables dans ce spectacle qu'on a vu cent fois et dont on ne se lasse jamais. La baie est presque toujours solitaire en cet endroit ; je veux dire qu'il y a peu de bateaux pêcheurs sur la côte de Carnac même ; on pêche plus loin, à Quibéron et près de ces îles que je vois en face : Belle-Isle, Houat, Hœdic ; mais la mer est loin de manquer de caractère, le site n'est point triste, au contraire ; la grande plage sablonneuse et résistante sous les pieds, surtout du côté de l'eau, offre un lieu de promenade très spacieux, et un peu plus loin il y a de jolies falaises en miniature, des récifs grisâtres, et de gros rochers de granit ; quand le flot monte et vient battre leurs larges assises, c'est comme une bataille, un combat d'artillerie, où l'on entend des détonations et où l'on voit jaillir, au soleil, le feu de milliers de gouttelettes étincelantes.

Asseyons-nous là dans cette anfractuosité du rivage, sur ce rocher taillé en fauteuil ; contemplons et rêvons, nous ne pouvons mieux faire ; la pensée alors, qui vole rapide comme le vent d'ouest qui souffle en ce moment et qui embrasse des espaces plus étendus que les océans, va par delà les flots, les landes, les bois et les montagnes, et sait bien trouver son objet favori, la douce famille et les endroits aimés, les labeurs et les délassements quotidiens, et ces fumées de la vie qu'on appelle santé, gloire et fortune, et que Dieu dispense ou retire à sa volonté.

Ce qu'il y a de bon à Carnac, c'est que dans ce beau pays, un peu perdu heureusement et peu fréquenté par la fashion et l'élégant tourbillon des stations balnéaires de Normandie et de Bretagne, ce qu'il y a de bon, c'est qu'on y est bien seul, bien livré à soi-même, et que ni méditations ni rêveries ne courent risque d'être troublées et dérangées par le bruit, le tumulte des plaisirs et des affaires. Carnac n'est point tout à fait inconnu cependant ; on y vient en excursion depuis Auray, on y passe pour aller à Quibéron ou à Locmariaquer. Les étrangers, les Anglais surtout, savent bien en trouver le chemin, et le savant, l'archéologue, l'amateur de curiosités, voudra y visiter les fameux monuments celtiques qu'on ne trouve que là.

Le tumulus du mont Saint-Michel d'abord, ainsi appelé parce que sur le tombeau présumé d'un chef celte on a élevé tout au sommet une petite chapelle à l'Archange, patron de la France ; ce tumulus domine toute la contrée, et vraiment le panorama qui s'offre aux yeux depuis là vaut la peine de l'ascension, qui n'est guère fatigante.

En face, du côté de la plage, on a la Trinité-sur-Mer avec ses parcs à huîtres ; Locmariaquer et ses énormes et curieux monuments ; dans la presqu'île de Rhuis, Sarzeau, patrie de Lesage ; Hœdic et Houat, le phare de la Tagnouse, Belle-Isle, la presqu'île de Quibéron et le fort Penthièvre.

Landes de Bretagne.

Au nord, au-dessus des pins maritimes, les clochers des bourgs de Ploemel, Pluvigner, Kervignac, Landevant et Mendon.

A l'est, les flèches de Crach, Plougoumelen et Baden, Auray et Sainte-Anne qui brille au loin, là-bas.

A l'ouest enfin, Erdeven et ses allées de menhirs, Etel, sur le bord d'une large rivière, la tour du château de Kéravian et Plouharnel, célèbre par ses dolmens et autres antiquités.

En 1862, on creusa le sol du tumulus à l'entrée de la chapelle et on y découvrit un dolmen ou tombeau, d'où furent extraits des couteaux ou *celtæ* en jade, des colliers et des ornements; M. Galles, qui fit entreprendre les fouilles, pense que ce dolmen doit être le premier d'une série de monuments semblables.

Un riche Anglais, M. Miln, bien connu à Carnac, mort à Édimbourg récemment, y a fait aussi exécuter quelques travaux et a mis à découvert des constructions qui ne sont ni celtiques ni romaines, et qui pourraient bien être les restes d'un ancien monastère.

Toutes les hypothèses sont imaginables avec ces vieux monuments pleins de mystères, et surtout quand il s'agit des alignements de Carnac. Sur dix lignes tirées au cordeau s'élèvent dix files de menhirs ou hautes bornes; beaucoup sont tombés; le temps, l'incurie, l'intérêt des paysans ont couché par terre ces géants du temps passé, mais beaucoup sont debout dans la grande plaine dénudée, en équilibre, sans fondations, sans un caillou, sans un fragment de pierre qui les supporte; nombre de ces étonnantes pierres sont plantées en terre, la pointe en bas; leur volume est plus considérable à leur sommet qu'à leur base; plusieurs auteurs ont dit qu'il y en avait un millier au moins sur une étendue de deux ou trois kilomètres, d'une hauteur moyenne de 4 à 5 mètres. C'est étrange, singulier, grandiose; le mystère de leur origine, leur configuration bizarre, le silence de leur solitude, sont faits pour frapper l'imagination et inspirer la vénération et la crainte; aussi ne faut-il pas s'étonner des récits superstitieux qui ont cours dans les fermes du voisinage. Dans les longues veillées d'hiver, pendant que la tempête fait rage au dehors, assis sous la grande cheminée, les paysans se racontent tout bas à l'oreille que les *korigans* hantent chaque nuit la lande aux alentours des menhirs, et que les pierres sont des lutins, des gnômes, des farfadets, velus, hideux, méchants; *Crifol* et *Bugul-Noz* enlèvent les pâtres attardés, et les gémissements plaintifs de ces pauvres victimes se font entendre vers le soir et dans la nuit, mêlés aux sifflets stridents des mauvais génies et des sorcières.

Qu'est-ce donc que cette forêt de pierres druidiques? — l'avenue d'un temple infernal qui a pris la forme d'un serpent ou d'un dragon? le monument commémoratif d'un sanglant combat? des tombeaux? — Les savants n'en savent rien; ils ont déchiffré les hiéroglyphes d'Égypte et soulevé le voile des mystères d'Isis et d'Osiris, précisément à cause de leurs pierres parlantes; les inscriptions ont presque tout révélé sur les chambres funéraires, les pyramides, les sphinx, les statues, les pylones; ici, faute d'inscriptions, les pierres n'ont rien dit.

Le paysan de Carnac affirme que ce sont des soldats romains qui poursuivaient saint Cornély ou Corneille, patron de la paroisse; celui-ci fuyait vers le midi, et déjà il était arrêté par la mer ou allait être pris, quand il leva la main, et instantanément il les changea en blocs de granit. Les pierres s'appelèrent depuis lors : *soudar det sant Cornely.*

Nous allons terminer par une visite au Bosenno, où M. Miln a découvert les ruines d'une villa gallo-romaine et a déterminé les attributs de chaque bâtiment; ainsi il nomme les bains avec leur installation au complet : le *tepidarium,* le *sudatorium,* le *caldarium* et le *frigidarium;* il désigne le temple domestique, *lararium* ou *sacellum;* puis la maison proprement dite, la *villa urbana* avec ses grandes pièces centrales et ses *cubicula*; et enfin, plus loin, la *villa agraria*, ou maison du laboureur et des animaux de labour. On y trouva une figurine de bronze représentant un bœuf; la chose arrivait à point : comme le saint patron du bourg de Carnac est le protecteur des bestiaux, les ouvriers crurent de bonne foi avoir trouvé le bœuf de saint Cornély !

Ajoutons que, du côté des alignements de menhirs, à Kermario, l'explorateur a découvert non plus seulement une villa, mais une ville ou un camp fortifié, où l'on pouvait se réfugier en cas de danger.

Tel est l'intérêt présenté au touriste par ce coin du Morbihan qui m'a séduit, quand la première fois j'y vis la mer, les ruines, les bocages, la lande.

La lande et sa sauvage grandeur ! C'est de juin à septembre, quand le sol est couvert de bruyères, d'ajoncs, de fougères, de rosiers, qu'il faut la venir voir; c'est au beau soleil d'été qu'il faut, sous le firmament bleu et le long de la mer glauque, courir à travers les ravins, les escarpements, les ondulations de la lande; c'est le matin qu'il faut aller s'asseoir sur un bloc de granit ou près de la fontaine bâtie en forme de chapelle rustique, ou le long de ces massifs qui abritent une vieille métairie, à Kergouillard, ou à Claucarnac; c'est vers le soir qu'il faut s'égarer dans les petits sentiers, pour comprendre la grâce et le charme de la solitude en s'abandonnant à la mélancolie qu'elle inspire; et quand on revient à pas lents, chassé par le crépuscule, on voit du côté de la mer les brumes blanches qui s'ébattent sur les flots, et du côté d'Erdeven et de Plouharnel le ciel en feu, et deci delà, de petits nuages lilas et roses sur lesquels glissent des rayons dorés. Sur ce fond d'une coloration puissante, brossée par le grand artiste de la nature, resplendit l'aiguille du clocher de Carnac, au-dessus des maisons blanches du bourg et du vert sombre des bosquets qui les entourent. Les cloches tintent lentement l'Angélus et semblent dire du haut de leur aérienne demeure, comme les anges autrefois dans le ciel de Bethléhem : « La douce paix est le partage de ces lieux charmants et bénis, parce que les hommes qui les habitent, apaisant leurs passions, mènent une vie simple et soumise à la volonté d'en haut. »

D'autres fois dame Lautram me donnait la clef de son jardin, où j'allais passer deux heures à lire ou à me promener à travers les allées bien entretenues. Senteurs divines, odeurs parfumées et bouquets éclatants de Carnac, comme vous laissiez loin derrière vous les corbeilles des parcs, des squares et des serres de tous ces pays civilisés et raffinés que nous avons le malheur d'habiter ! Les œillets blancs, aux feuilles longues et déliées, foisonnent ici, et les mauves sauvages à la fleur violette, aux feuilles trouées, et les capucines à la corolle gracieuse, à l'odeur forte, les longues tiges des dentelaires, les lis, fleurs royales, les iris enrubannés et les plantains avec leurs goupillons se dressant droits vers le ciel. Mon hôtesse entretient aussi avec soin les petits bosquets de menthe poivrée, de pouliot, et le lilas, et les touffes de lavande ; — elle en veut mettre dans le linge entre les draps après la lessive ; leur odeur est exquise. — Les plates-bandes sont bordées de romarin, de sauge et de raifort de Bretagne aux grosses feuilles pointillées. Petits arbustes élancés de verveine citronnelle, lauriers luisants et vernis, genévriers aux piquants acérés et odorants, poiriers, pommiers, cognassiers, orangers, grenadiers font de ce jardin un Éden où le temps fuit sans qu'on s'en aperçoive aucunement.

Et quand, las des plaisirs champêtres, je revenais au bourg, l'église m'ouvrait sa porte hospitalière. Cette église date de 1639 ; la flèche de pierre est belle, élevée, flanquée de quatre petits clochetons ; le porche nord est un assemblage artistement composé de blocs de granit, choisis parmi les plus beaux menhirs ; dans l'intérieur, les autels latéraux sont aussi des pierres de dolmens. Là où coula autrefois le sang humain, dans un sacrifice horrible, coule maintenant le sang divin; le menhir païen porte imprimée, gravée à son sommet, la croix de Jésus : ainsi va le monde et règne le Christ. Curieuses aussi sont les fresques des voûtes et des lambris, et il faut demander à voir les anges en marbre du maître-autel. Le vieux sacristain, qui porte un nom fameux et qui ressemble à un vieux Celte, vous montrera tout cela volontiers, comme il vous conduira aussi à la fontaine Saint-Corneille, où la foire se tient, au mois de septembre, le jour de la fête du saint. Les pèlerins y viennent de vingt lieues à la ronde pour demander au patron de bénir et de conserver leurs bestiaux; ils organisent des processions, chantent des cantiques, font célébrer des messes et laissent à l'église de riches offrandes. Ces processions, tout à fait dans les mœurs du pays, sont très fréquentées, très suivies; quelquefois même elles ont lieu de l'initiative propre des paysans. Pendant que j'étais là, on m'a raconté qu'un recteur, pour une raison ou pour une autre, n'ayant pas jugé à propos d'ordonner un pèlerinage pour sa paroisse, les paroissiens vinrent quand même en grande solennité, sans le recteur. Il y a, comme on le voit, des excès en tout.

Aimables gens que les Carnacois! Je n'étais pas depuis vingt-quatre heures dans le pays, que j'avais fait deux ou trois connaissances et contracté autant d'amitiés durables. Je suis revenu souvent; toujours j'ai été reçu avec la plus franche, la plus cordiale hospitalité; on me retenait à la maison pour passer la journée, on me promenait par les bourgs voisins de la campagne environnante, on me conduisait à la pêche en mer. Le soir on passait le temps dans des réunions agréables : j'ai rencontré là souvent beaucoup de gaieté, de l'esprit tout comme à Paris et un grand bon sens. C'est là que le bon capitaine F*** m'a narré ses histoires de mer, ses navigations et ses tempêtes; je l'écoutais toujours avec un intérêt croissant, tant ces récits-là sont héroïques et passionnants, tant cette vie du marin nous apparaît comme entourée d'une auréole, à juste titre d'ailleurs, puisqu'elle est entièrement tissue de dangers, de sacrifices et souvent de gloire. J'avais fini par apprendre la langue maritime, — ce qui est indispensable, — et je savais ce que voulait dire : *souquer de la toile, border les bonnettes, filer l'écoute* et *prendre un ris dans les huniers.*

C'est là dans ces soirées que je me faisais expliquer les mystères de la science ostréologique; plusieurs de mes interlocuteurs avaient des parcs à huîtres et en parlaient en connaisseurs : on dépense pour le matériel cinq à six mille francs, mais le rapport est hasardeux et le profit aléatoire. Bien des causes viennent contrecarrer les efforts et s'opposer à la réussite, et j'appris tout en causant qu'il y avait un poisson appelé *gueule-pierre* qui fait une guerre sans pitié aux pauvres mollusques et les brise impitoyablement pour les avaler ensuite. J'appris aussi que la pêche est nulle ou presque nulle à Carnac; les poissons doivent prendre des lunettes pour regarder du côté de la terre ce que peuvent bien faire les pêcheurs qui leur laissent tant de loisirs. Deux ou trois capitaines au long cours m'assurèrent que la marine marchande était perdue et la France ruinée par la vapeur et la mauvaise foi des marins. L'un de ceux qui me faisaient cette confidence avait parcouru toutes les mers du globe, et il avait été aux Philippines et en Chine; à Tché-Fou, on l'avait fait prisonnier et gardé à vue longtemps. Il était chrétien comme un vrai Breton, et il avait rendu maints services aux missionnaires. Je le répète, il n'y a pas de profession comme celle-là pour vivre au milieu de la lutte et du péril; il est vrai que le marin sent alors combien il est petit au milieu des grandes forces de la nature et que son cœur va plus naturellement à Dieu.

III

LOCMARIAQUER. — QUIBÉRON

On peut voir à l'hôtel des Voyageurs quelques curiosités celtiques; à la mairie on en montre un plus grand nombre. C'est déjà le commencement d'un musée, qui a sa place marquée sur cette vieille terre des monuments mégalithiques, et qui, grâce à M. Miln, va s'élever tout près du bourg, non loin du cimetière.

Les touristes ne manquent guère d'aller depuis Carnac à Locmariaquer et à Quibéron; pour aller à Locmariaquer il faut traverser la rivière de Crach. Gagnons donc les bosquets de Claucarnac, puis remontons vers la ferme de Kerluir, en traversant les prairies et les landes et en suivant ces charmants sentiers bretons interrompus de temps en temps par de petits murets élevés pour protéger les propriétés contre les bestiaux. L'excellent abbé le L*** m'accompagne, et il fait plaisir à voir marchant à grandes enjambées, la soutane retroussée, l'allure crâne; qui m'eût dit, hélas! que le pauvre ami devait s'éteindre deux ans plus tard dans un presbytère perdu sur la côte, non loin d'ici, au milieu d'une population presque sauvage, et dans certaines circonstances si malaisées à conduire?

Ce jour-là nous allions gaiement, par un temps clair, à travers les vergers en fleurs et longeant les haies d'aubépines et de troënes, les champs de pommes de terre aux fleurs lilas et les grandes bruyères pourprées où paissaient des vaches noires. En arrivant vers Kerluir, changement de décors : c'est la ferme bretonne, à l'ombre des grands noyers; la cour, l'aire à battre, le puits, le petit jardinet égayé par les roses, les chants des femmes qui lavent dans la mare voisine, les cris des enfants. Et quand nous passons, les jeunes filles mettent leur tête curieuse à la fenêtre en rougissant, les enfants cessent de crier et viennent nous baiser les mains, les chiens aboient en cœur. Par les portes entr'ouvertes nous apercevons les bahuts et les lits clos, les chaises de bois et les dressoirs où reluisent les bassines de cuivre et les pots d'étain mêlés aux assiettes de faïence fleurie. En vérité tout cela est d'une pénétrante fraîcheur, et il n'y a pas de pays comme celui-ci pour être affranchi de la poussière et du tapage; nous descendons une petite vallée où coule un ruisseau rapide, qui va à la mer comme un fleuve et se donne des airs d'importance en barrant la route au voyageur. Par instants nous pouvons voir, à la cime des collinettes où nous arrivons, les clochers, les hameaux, et la mer qui scintille au soleil, puis nous commençons à monter une petite hauteur, et l'abbé me dit : « Nous sommes au manoir de Kercado. »

Qui n'a pas rêvé de voir au moins une fois dans sa vie un manoir breton? Le fait est que les vieilles gentilhommières de campagne ont du caractère et qu'elles tranchent singulièrement sur les beaux châteaux et les jolis hôtels que messieurs les architectes s'évertuent à construire à leur plus grande gloire, en dépit de tout pittoresque et de toute poésie.

D'abord le manoir breton est toujours caché; comme une nymphe timide, il se sauve au fond des bois, sous la futaie, sous les chênaies et les châtaigneraies; puis il y a toujours l'avenue qui les précède, l'avenue de chênes, ou de hêtres, ou de trembles; au bout, tout au bout seulement comme ici, on aperçoit un mur de mine sévère tapissé de plantes grimpantes qui en atténuent un peu la solennité. L'œil suit avec délices les capricieux dessins formés sur ces murs contemporains des chevaliers et des damoiselles par les gros bouquets de scolopendres, les pariétaires touffues, les clématites odorantes, qui tombent comme un rideau mystérieux, les capillaires d'un vert sombre en forme de scie et les polypodes aux feuilles palmées. Au milieu de ce fouillis s'ouvre une porte ogivale avec un écusson de pierre rongé par le temps : derrière la porte une cour, et au fond le château proprement dit, aux murs grisâtres, orné d'un perron monumental avec rampe en fer forgé et flanqué de deux tourelles à toit en éteignoir. Tel est le manoir breton généralement. A Kercado, l'extérieur seul ressemble à ce portrait; quand on a passé le porche et bien pris garde au chien inhospitalier qui veille sans cesse accroupi dans une grande guérite, on se trouve avoir à gauche une maison champêtre, moitié pierre et moitié bois, cachée sous le lierre et la vigne vierge; le salon est meublé avec du boule; c'est tout moderne à l'intérieur, et il y a devant les portes-fenêtres un grand jardin anglais.

Nous poursuivons vers Locmariaquer, en laissant à droite et à gauche plusieurs dolmens, et nous arrivons à la rivière de Crach, que nous traversons dans le bateau du bac au passage de Kispert; de nombreuses huîtrières se font voir autour de nous à marée basse, surtout du côté de l'île de Cuan. Nous suivons maintenant la grande route; nous croisons de nombreux passants : ce sont des paysans, des marins, des pêcheurs. Les paysans ont un costume assez simple : un chapeau noir orné du ruban de velours, une veste courte; les femmes portent la robe noire en mérinos avec larges galons de velours noir à l'entournure des bras et la coiffe aux ailes blanches. Enfin, au bout de la presqu'île où nous avons dû nous engager, nous trouvons le bourg de Locmariaquer. Il faut y visiter surtout le *Mané Lud*, la Table des Marchands, énorme dolmen formé par une pierre horizontale posée sur un autre bloc vertical et triangulaire, couvert de caractères hiéroglyphiques en forme d'ovales entrelacés; puis le *Mané-er-Roëk*, ou Pierre de la Fée, autre dolmen en forme de grotte, et, tout à côté, le plus grand des menhirs; il a vingt et un mètres de long sur dix de circonférence : c'est fabuleux! Ce géant gît là dans la poussière, brisé par la foudre, mais toujours beau et solennel; il est maintenant divisé en quatre morceaux, mais l'un de ces morceaux a douze mètres de long!

On trouve bien encore à Locmariaquer des restes d'antiquités romaines, entre autres un cirque; mais comme les moments sont comptés, si nous ne craignons pas un courant assez fort en cet endroit, nous irons au bourg, chez Mme Camenen, et elle nous fournira un bateau pour aller à l'île de Gavrinnis en vingt minutes, et nous descendrons là, dans une grotte cachée sous un tumulus et remplie d'hiéroglyphes elle aussi. Ce n'est pas chose commune parmi les monuments druidiques, mais en tous cas c'est chose fermée à la science. Qui dira le secret caché sous ces caractères, sous ces cercles celtiques, témoins peut-être d'horribles scènes, et qui nous rappellent des temps que notre histoire est dans l'impossibilité de raconter?

Ne partez pas de Locmariaquer sans avoir goûté à ses langoustes. A Carnac, il y a des huîtres toute l'année, n'en déplaise au dicton qui affirme qu'elles sont laiteuses dans les fameux mois sans *r;* mais dans ce pays de poissons il est difficile de manger du poisson, tout le peuple frétillant étant expédié à Paris chaque matin. Un jour, comme je dînais dans une maison amie, sur la côte, on servit à table un magnifique bar; je m'extasiai et demandai quel était le pêcheur qui avait eu la chance d'amener cela dans son filet : « Je n'en sais vraiment rien, répondit mon hôte avec un grand sang-froid, ce poisson arrive des halles de Paris. »

Pour aller à Quibéron, nous sommes obligés de passer par Plouharnel, le bourg voisin situé à l'extrémité nord de la presqu'île, sur la route stratégique qui va jusqu'à Quibéron, en traversant le fort Penthièvre. Plouharnel est riche en monuments celtiques; entre ce bourg et ceux de Ploemel et d'Erdeven, les dolmens et les menhirs sont nombreux: à Erdeven on remarque des alignements qui ont quelque analogie avec ceux de Carnac, et à Courcouno, à 4 kilomètres d'ici, la Roche aux Fées, le plus grand dolmen connu; il sert de grange à une métairie voisine.

Voyons le musée de l'hôtel du Commerce. Les *celtæ*, ou couteaux de pierre, y sont en grand nombre, et au milieu de ces instruments grossiers brillent d'un vif éclat le collier et les bracelets d'or trouvés dans la grotte de Rondonec, tout près sur la route d'Erdeven. C'étaient les marques distinctives du commandement chez les Celtes.

Le moulin de Sainte-Barbe est plus haut, au nord-ouest; c'est là que les courageux volontaires d'Auray, commandés par Glain, et les marins de Rohu, osèrent s'opposer aux bataillons du général Hoche et purent les arrêter pendant de longues heures.

Nous descendons vers un bas-fond, et, à l'endroit où le bras de mer qui s'avance dans les terres est plus étroit, nous traversons le pont du Bégo, commandé par un poste de douaniers, armés de sabres et de fusils.

Ainsi nous voilà engagés dans la presqu'île qui ne commence, à proprement parler, qu'à cet étranglement, à cet isthme qui a 60 mètres de large, où se trouve le fort Penthièvre; depuis cet endroit jusqu'à Quibéron on compte dix kilomètres.

La route est belle et le voyage s'accomplit facilement et rapidement. A l'est voici Saint-Pierre, port et mouillage; à l'ouest, si nous montons des terrains en pente, nous arrivons au-dessus des falaises qui regardent la grande mer et qui ont 30 mètres de haut; là la vague déferle furieusement, les flots mugissent, les alcyons font entendre leurs cris perçants, et au jour des sombres ouragans d'hiver le spectacle doit être d'une beauté terrible.

Quibéron (prononcez l'é) est une ville de 2,000 âmes, intéressante à cause de ses pêcheries et de ses fabriques de sardines. On appelle ces fabriques, établies pour la préparation et la conserve du poisson, *fritureries;* elles sont bâties en planches goudronnées, éparses çà et là dans les déchirures de la côte, au fond de criques, suspendues aux flancs des rochers ou dominant les falaises au-dessus de la grande nappe d'eau d'un vert noir. Au mois de juin, quand la marée descend, il est curieux de voir des centaines de barques aux voiles rousses s'éloigner du grand quai pour gagner la haute mer; les pêcheurs arriment au fond du bateau leurs filets, leurs appâts, leurs paniers, leurs vêtements goudronnés, leurs poulies et leurs cordages; le patron est à la barre, les matelots rament, le vent enfle la voile, et les femmes souhaitent bonne chance aux équipages, qui disparaissent bientôt dans la brume lointaine.

Les pêcheurs, arrivés sur les bancs de sardines, laissent traîner à l'arrière leurs filets, qu'ils ont enduits préalablement de *rogue* faite avec des œufs de morue; le poisson s'y précipite avec voracité, et, à l'heure du flux, la flottille de barques rentre pesamment chargée. A Quibéron comme ailleurs, là où l'on pêche la sardine, les fritureries hissent un pavillon au bout d'un long mât, pour annoncer aux pêcheurs qu'elles sont prêtes à faire marché avec eux pour leur cargaison. On m'a dit que les pêcheurs trouvent moyen de répondre à l'aide de signaux multiples, et qu'avant d'aborder ils ont souvent vendu tout ce qu'ils ont pris.

Ce n'est pas un spectacle bien ragoûtant de voir préparer les sardines dans les fritureries; les encaqueuses ressemblent à des furies ou à des bacchantes, ou encore à des *tricoteuses de la guillotine;* dans le fait elles ont le coutelas à la main, coupent la tête à des millions de sardines, et ont souvent les bras rouges de sang jusqu'aux coudes. La tête coupée, le poisson est aussitôt jeté dans les chaudières, puis mis dans des boîtes pleines d'huile; les étameurs scellent les boîtes, qui sont entourées en un clin d'œil de ces belles bandes métalliques et dorées sur lesquelles on peut lire : *Sardines de Nantes.*

Ce sont de fortes femmes ces encaqueuses, hardies partout, paraît-il, mais particulièrement à Quibéron, où le sexe faible prend le rôle et la place du sexe fort, qui fait absolument défaut; ici tous les hommes sont à la mer, au service de l'Etat ou à bord des bâtiments de pêche et de commerce, la femme a donc dû apprendre à se défendre toute seule, et elle s'y connaît.

Le verbe haut, le geste vif, l'œil sévère, elle peut rivaliser avec les matelots d'autrefois, dont le type disparaît de plus en plus, et qui, avec leurs souliers à rubans de soie, leurs larges collets rabattus et bien amidonnés, leurs oreilles ornées de boucles d'or, leur coquetterie raffinée en un mot, avaient une poigne solide et ne pouvaient s'asseoir dans un cabaret près d'un soldat sans lui casser la bouteille sur la figure.

Il faut partir! adieu, Quibéron, adieu, Carnac! adieu! Je regretterai les courses à travers la lande, et les longues causeries du soir, et les promenades à la côte, et les bonnes parties de pêche que nous faisions avec le bon capitaine le F***, dans son joli bateau *les Deux-Frères*. On partait de grand matin, à cinq heures, on embarquait quelques vivres, des filets, des lignes, on sortait du petit port à la rame, et nous faisions ensuite la manœuvre de la voile, et puis vogue la nacelle! Nous allions assez loin, à une lieue et plus en mer, et là nous cherchions les points de repère à l'aide d'un clocher, d'une maison, d'un arbre du bourg ou de la plage; aussitôt trouvés, vite les filets à la mer! on les faisait couler au moyen d'une grosse pierre, on laissait surnager les extrémités avec un morceau de liège, et, pendant que le poisson se faisait prendre, nous lâchions nos lignes et nous attendions patiemment de longues heures, penchés sur le bord du bateau, bercés mollement par la vague et par le refrain monotone d'un camarade; puis nous allions lever nos filets de pêche, et nous ramenions de tout : des crabes, du goémon, des coquillages multicolores, et quelques belles pièces pour la cuisinière. Ah! vivent le métier de pêcheur, la joyeuse insouciance et la franche liberté de ces vieux loups de mer, qui, tantôt riches, tantôt pauvres, tantôt flattés et tantôt flagellés par l'élément mobile et perfide, n'échangeraient pourtant point leur vie pour les bonheurs *terrestres* et la sécurité dont nous croyons jouir!

Ils sont nés guerriers ces rudes hommes, et guerriers ils restent; ils combattent avec toute la ténacité dont est capable leur tête bretonne; ils sont vaincus parfois, car la mer elle aussi est un rude lutteur, mais ils remportent aussi bien des triomphes, et leur visage noble, sérieux, inspire le respect. C'est comme celui de leurs prêtres; jamais je n'ai vu de figures plus mâles et plus énergiques que celles-là, d'hommes plus dévoués, plus durs à la besogne. L'excellent abbé le L***, mon compagnon de course habituel, m'emmenait avec lui dans ses visites de malades, et comme la paroisse était composée non seulement du bourg, mais de tous les hameaux environnants et des fermes du pays d'alentour, nous faisions des lieues et des lieues, et les prêtres de la paroisse couraient sans trêve ni repos, par monts et par vaux, le dimanche comme la semaine; ils s'en allaient alors dire leur messe dans les chapelles lointaines bâties sur quelque tumulus, pour éviter aux paysans la peine de venir jusqu'à l'église paroissiale.

De vrais soldats, ces prêtres bretons; du reste, plusieurs ont porté d'autres armes que leur croix et leur bréviaire; avant de revêtir leur soutane, ils s'étaient enrôlés, soit dans les rangs de la chouannerie pour faire le coup de feu contre les *bleus*, soit dans l'armée royaliste en 1815, soit plus tard, en 1870, dans la campagne de France ou dans l'armée pontificale, sous les ordres de leur bien-aimé Charette.

J'ai connu un de ceux-ci, un brave des braves, né au bord de l'eau, vrai marin. Un jour, m'a-t-on dit, en traversant la rivière d'Auray à bord du vapeur de Belle-Isle, en face de Locmariaquer, il tomba du haut du pont; on le repêcha; mais il avait perdu son chapeau; il s'élança de nouveau à la mer, et reparut bientôt d'un air triomphant, son couvre-chef à la main, après avoir passé, dit-on toujours, sous la quille du paquebot. En remontant à bord il trouva quelques passagères qui avaient jugé à propos de s'évanouir, ce qui l'étonna beaucoup ; pour lui, il n'avait pris qu'un bain de plus, et ça ne pouvait guère l'émouvoir.

Ce sont ces hommes-là, prêtres et fidèles, bien faits pour s'entendre les uns les autres, qui chantent leurs hauts faits ou ceux de leurs pères dans les grands pardons de Sainte-Anne, en portant sur leurs épaules un vaisseau de guerre, dont tous les sabords laissent passer une gueule de canon, et où les cordages sont couverts de pavillons. Tel est le chant des Arzonnais :

« Sainte Anne, que Dieu bénit, vos vertus, votre puissance, ont éloigné de nos têtes la mort et tous les dangers.

« Nous courons à votre maison sainte pour offrir des actions de grâces ; car vous nous avez préservés dans les dangers du combat.

« Sainte Anne, que Dieu bénit, etc.

« Une troupe d'Arzonnais était partie pour l'armée ; ils étaient plus de quarante et soumis aux ordres du roi.

« Pleins de foi, pleins de confiance, nous tous, paroissiens d'Arzon, nous vînmes ici vous implorer le saint jour de la Pentecôte.

« Nous voilà voguant sur la Manche, avec celui qui nous commande ! cherchant combat et vengeance contre les vaisseaux hollandais.

« Coups de canon nous arrivent plus pressés que la grêle ; oh ! non, jamais, jamais nous ne fûmes en pareil danger.

« De chaque flanc du vaisseau des tonnerres de bordées fracassent et font tomber câbles, voiles, mâts et cordages.

« O véritable miracle ! aucun des enfants d'Arzon ne reçut la moindre offense de boulet ni d'arquebuse.

« Près d'eux, à droite et à gauche, tués ou blessés tombent les hommes ; mais pour eux, votre secours, votre vertu les défendaient.

« Là, près de nous, un boulet frappe un pauvre matelot, et la moelle de sa tête jaillit sur un enfant d'Arzon !...

« Sainte Anne, que Dieu bénit, etc. »

IV

BELLE-ISLE-EN-MER

Retour à Auray par la diligence. Ces bonnes vieilles diligences ont fait leur temps décidément ; celle de Carnac est près d'être enterrée, elle aussi ; un chemin de fer va être construit tout prochainement entre Auray et Quibéron ; il passera par Plouharnel, et un vulgaire omnibus amènera les voyageurs de la gare de Plouharnel chez Mme Lautram. L'occasion est belle pour aller à Belle-Isle-en-Mer, ne la manquons pas. En attendant que le service soit organisé de Quibéron à Belle-Isle, après l'ouverture du chemin de fer, le petit vapeur de l'île part du quai d'Auray à onze heures ou midi, selon l'état de la marée ; aujourd'hui à onze heures et demie les passagers arrivent avec leurs colis et leurs marchandises. Le frère du général Trochu, qui est là, fait embarquer une voiture à deux roues et un cheval qui regimbe ; n'importe ! il faut qu'il entre à fond de cale ; cependant la poste est arrivée et embarquée, elle aussi ; les trois coups de sifflet ont averti les retardataires, nous voilà partis.

Je me place à côté du timonier, brave marin qui m'indique les curiosités de la rive. La rivière d'Auray est jolie, bordée de prairies et de bouquets de bois, d'où émergent çà et là le pignon aigu d'une maison de plaisance ou les hautes girouettes d'un château ; j'en compte quatre : l'un est gothique, tout flambant neuf, remarquable par ses proportions[1]. Au fort Espagnol la rivière devient beaucoup

---

[1] Celui-ci se nomme le Plessis-Kaër ; il a été magnifiquement restauré par un Parisien artiste et intelligent, M. C***. C'est une véritable curiosité

plus large; on y a établi un peu partout des huîtrières, dont on voit le matériel de rechange, tuiles et piquets, entassé au milieu des sapinières voisines; la péniche de l'État qui fait la police de la pêche stationne en cet endroit, et le pavillon tricolore flotte joyeusement au vent d'ouest.

La rivière est devenue maintenant un bras de mer. Nous arrivons en face des monuments de Locmariaquer, nous sommes à l'entrée du Morbihan, et le courant ici est très fort.

Le Morbihan est une petite mer qui renferme autant d'îles que l'année compte de jours; quarante seulement sont habitées; les plus voisines de nous, à gauche, sont le grand et le petit le Vaisi, l'île Longue, ainsi appelée à cause de sa forme, la célèbre Gavrinnis; toutes ces îles ont leur monument celtique, dolmen ou tumulus; on aperçoit l'extrémité de l'île aux Moines; c'est la plus considérable, elle a six kilomètres de long et une population de deux mille habitants, tous bons marins, excellents catholiques. Un peu plus loin à l'est, l'embouchure de la rivière de Vannes; là tout près de nous, à droite, en pleine mer, le rocher et le phare de la Tagnouse. Qu'on se figure la situation du gardien qui est là dedans pendant les gros temps, au milieu de la tempête qui hurle, siffle et escalade cette colonne de granit, où le pauvre stylite est perché comme un goéland solitaire. Ils sont trois ou quatre qui vont tour à tour monter leur garde dans le phare; mais ils doivent évidemment s'attendre à manquer souvent de vivres frais, et à faire un stage plus ou moins long, selon l'état du temps.

Ce n'est pas tout; vers le sud nous avons déjà en face de nous toute la côte de Belle-Isle, et à gauche deux autres îles plus petites, Houat et Hœdic, l'une qui montre des falaises assez élevées, l'autre toute plate; elles sont habi-

---

qu'il faut aller voir. Les appartements sont meublés avec une richesse sobre et de bon goût; le parc qui entoure le château est fort joli; mais ce qui est au-dessus de tout éloge, c'est la bonté hospitalière des maîtres de céans; nous l'avons éprouvé une fois, et nous nous en souviendrons toujours.

tées ; et il n'y a pas longtemps encore, à peine deux ou trois ans, que les curés des deux îles, qui forment deux paroisses de quelques centaines d'habitants, cumulaient les fonctions civiles et ecclésiastiques, et étaient tout à la fois curés, maires, syndics des gens de mer, buralistes et aubergistes marchands de vins, répartissant à chacun de leurs paroissiens la ration *raisonnable* qui lui revenait. Leur place était loin d'être une sinécure, et un jour un bâtiment anglais qui n'était pas en règle, voulant passer outre sans se préoccuper des injonctions du pasteur, force lui fut bientôt de se rendre quand il vit celui-ci arborer sous sa soutane les insignes de sa dignité. Les habitants des deux îles ne se plaignaient pas trop du gouvernement théocratique ; depuis on leur a accordé d'autres avantages...

Le phare de la Tagnouse est déjà loin de la terre, et il marque à peu près la moitié de la route entre Auray et Belle-Isle, où l'on arrive ordinairement après quatre heures de traversée. L'entrée dans le port est très pittoresque : on voit d'assez loin la ville du Palais, qui est toute ramassée au fond d'une petite anse ; mais, à mesure qu'on approche, les maisons se dégagent nettement, et enfin on arrive à l'entrée du port, entre la petite jetée terminée par un fanal et les murs élevés du fort, dont les talus verts apparaissent tout parsemés de rouges coquelicots, qui sont les pantalons de nos petits fantassins. La foule des oisifs est sur la jetée ; le petit vapeur s'en va tout au fond du port s'allonger contre les pierres du quai ; mais pendant le trajet la foule suit et ne détache pas les yeux de dessus le pont du bateau ; cela étonne d'abord, et puis donne envie de rire ; mais quand j'appris que ces braves Belle-Islois se livrent à la même opération admirative tous les jours que Dieu fait, je ris plus fort encore. On m'expliqua plus tard cette curiosité, qui a sa raison d'être : les habitants de l'île ne sont en effet rattachés au continent que par cette communication directe et officielle. Le télégraphe ne suffit pas, il est trop laconique, et puis il n'a pas toujours été établi dans l'île : par les gros temps, quand le vapeur est forcé de rebrousser chemin et de relâcher à Quibéron, adieu les nouvelles ! on doit faire son deuil des lettres et des journaux, et tant pis pour celui qui a des affaires pressées. On m'a raconté l'histoire d'un recteur qui, parti le samedi, arriva le mardi à quatre heures du soir pour dire sa messe: il était bien temps ! Le plus beau, ce fut en 1848 : la république était proclamée à Paris depuis deux grands jours, qu'à Belle-Isle on criait encore : Vive le Roi ! et pourtant le Palais a toujours professé des idées avancées. Cette petite capitale n'a jamais dû se pardonner ces deux jours de retard sacrifiés à la monarchie.

Je l'appelle capitale; elle l'est dans toute la force du terme, et elle réunit tout ce qui constitue une ville de cette importance; on y trouve des monuments, des curiosités : le fort, ancienne prison d'État, l'hôtel de ville, un port très bien construit et très sûr; l'église n'est pas belle, par exemple, mais il est si difficile de se procurer des pierres de taille ! Il y a de jolies promenades au Palais, du côté de la citadelle, et, dans le fond du port, la rue des Ormeaux est grande, plantée de beaux arbres qui lui ont donné son nom. L'aristocratie se compose du maire, du curé, du commandant du fort et d'un capitaine du génie. Comme garnison deux compagnies d'infanterie; j'ai dîné avec les officiers à l'hôtel de France, où l'on a une vue superbe sur la mer, du côté de Quibéron. Après le dîner je regardais les petits sous-lieutenants faire les cent pas sur le port en mâchonnant leur cigare : pauvres jeunes gens ! ils avaient l'air de beaucoup regretter Paris et de s'ennuyer horriblement.

J'allai louer une voiture pour faire une promenade, et on me donna comme cocher et comme guide un de ces braves paysans qui portent l'honnêteté et la droiture sur leur figure; j'éprouvai un grand plaisir à le faire causer. Nous sortîmes de la ville en nous dirigeant vers le nord et en passant derrière le port et la citadelle, au milieu de nombreuses *fritureries*. On voit, à main droite, sur une hauteur, du côté du continent, le fameux château du surintendant des finances Foucquet, envoyé ici comme gouverneur par disgrâce ; ce sont quatre murailles en ruines, on aperçoit le ciel bleu à travers les larges fenêtres béantes, et je ne sais quels souvenirs peu historiques viennent hanter l'imagination à cette vue ; c'est bien là, si je ne me trompe, qu'Alexandre Dumas a placé une scène de ses *Trois Mousquetaires ;* et qui n'a pas entendu parler en France d'Athos, Porthos, Aramis, et même de d'Artagnan, lequel savait si bien boire le vin d'Anjou, dépenser les pistoles, crever les chevaux et donner de grands coups de rapière ?

Ces réminiscences belliqueuses disposent naturellement le voyageur à admirer en passant le château du général Trochu, qui s'élève sur le bord de la route : j'y remarquai un phare assez élevé qu'il a fait construire, pour observer la mer et le continent ; le château est entouré, sur un espace assez étendu, d'un bois de pins ; c'est, au dire de mon compagnon, la seule forêt qui soit dans toute l'île.

Aujourd'hui dimanche, les routes sont couvertes de gens qui se rendent allègrement au Palais ou à Sozon, bourg voisin, pour assister à la grand'messe. Les hommes ont le costume du pays de Vannes ; les femmes portent une coiffe tuyautée très rejetée en arrière, sans ailes retombantes, et tous nous saluent d'un cordial bonjour.

Après avoir traversé Sozon, nous arrivons à la *Pointe du Poulain,* ainsi nommée parce qu'elle s'avance dans la mer en affectant la forme d'un jeune cheval. La mer est toute parsemée de roches aux alentours, roches dangereuses. Un recteur, né dans le pays, ne craignant rien, brave jusqu'à l'imprudence et la témérité, vint, il y a quelques années, dans ces parages avec un jeune élève pour y pêcher à la ligne ; ils s'avancèrent tellement loin, que le flot les prit tous deux et les emporta au large ; ils ne purent se sauver, et la mer rendit le recteur seul quinze jours après.

On trouva son corps enveloppé de varech comme une momie ; la vague l'avait roulé dans une anfractuosité de la côte.

Nous allons voir un peu plus loin, toujours à l'ouest, la grotte de l'*Apothicairerie ;* la voiture pour cela arrive jusqu'au-dessus d'un large promontoire, où nous descendons et laissons le cheval, abandonné à lui-même au milieu d'un troupeau de moutons qui broutent avec délice l'herbe rare et imprégnée de sels marins. En s'avançant vers le bord de ce promontoire, on trouve une pente escarpée, glissante, noirâtre, sur laquelle il faut s'engager pour aller dans le bas contempler la grotte. Je ne sais vraiment pas comment il n'arrive pas plus souvent d'accidents dans cet endroit périlleux, où le pied peut manquer à chaque moment et précipiter l'explorateur dans l'abîme qui bouillonne au-dessous ; je ne sais surtout comment les femmes peuvent s'y prendre ; il faut à tout le moins être Anglaise ou Américaine pour se hasarder là, et encore ! Néanmoins cette grotte de l'Apothicairerie présente un beau spectacle ; c'est moins une grotte qu'un arc superbe qui s'élève à une hauteur considérable ; les lames viennent s'engouffrer dans l'étroit canal formé en bas par l'étranglement du rocher, et cela, ajouté aux cris des goélands qui tournoient sans cesse au-dessus de votre tête, produit un effet fantastique ; on sort de là tout étourdi. On y vient souvent de Belle-Isle en partie de plaisir, on y prend des nids de goélands, et on tire des coups de fusil pour réveiller l'écho ; il semble alors que les vieux tritons barbus, cachés dans les trous noirs de la grotte et dans les pyramides de pierre détachées en avant aux alentours, répondent en vous narguant.

En revenant, le cocher me fait passer par un chemin affreux ; il n'en est point d'autre ailleurs ; la route est mal entretenue, pleine d'ornières, resserrée entre les hauts talus des champs d'un côté et une prairie fangeuse de l'autre. « M. le préfet est passé par ici il y a huit jours, dit le paysan d'un air narquois, et voici l'endroit où il a été jeté par terre; hein! c'est drôle, un préfet chaviré! allons, hue! Cadet, vire de bord! »

Il nous reste maintenant à jeter un coup d'œil sur la côte sauvage et à visiter le phare. Nous traversons les landes au milieu desquelles s'élèvent deux beaux menhirs, éloignés d'une centaine de mètres l'un de l'autre; ils sont presque exactement pareils, et on les a baptisés Jean et Jeanne; l'imagination des paysans de Belle-Isle, comme celle des paysans de Carnac, leur donne une âme, et c'est ainsi que les deux fiancés attendent depuis des siècles, se regardant mutuellement et subissant le supplice de Tantale. Nous ne trouvons bientôt plus de route à suivre, elle s'est perdue dans les sables; je mets pied à terre, et, escaladant une ligne de dunes, j'aperçois la mer à travers une déchirure de rochers; sur une longueur de huit à dix kilomètres la côte sauvage s'étend majestueusement : les blocs de rochers ont quarante à cinquante mètres de haut, et la mer déferle sur eux avec rage; cet endroit s'appelle *Port-Donant;* on devrait lui donner à plus juste titre le nom de Port-Tonnant. Ici tout près, c'est une allée de rocs énormes, qui vont deux à deux, accouplés comme des sphinx d'Égypte, se perdre dans la mer du côté de l'Amérique; là, d'autres monstres de pierre semblent comme animés par le remous des vagues et danser une ronde infernale.

Le phare de Belle-Isle montre son grand cou blanc de ce côté : nous l'allons voir; un gardien nous reçoit et nous introduit immédiatement dans les chambres du premier étage, aménagées pour les ingénieurs quand ils viennent en inspection. On nous montre la chambre aux outils et aux appareils; il y règne une propreté méticuleuse. Depuis le rez-de-chaussée jusqu'au sommet on compte deux cent soixante marches d'escalier; la chambre à lumière tourne au moyen d'un mouvement d'horlogerie, et l'appareil lenticulaire est vraiment superbe de grandeur et de beauté; en plein jour déjà, avec ses huit énormes lentilles et ses lames de cristal arrangées en réflecteurs angulaires, il brille comme un soleil; mais la nuit l'effet doit être éblouissant, quand on le voit de près avec ses feux puissants, — trois blancs et un rouge, — alimentés par cinq grandes mèches plongeant dans le pétrole. Cette huile, qui donne à la lumière un éclat extraordinaire, doit être employée avec grande précaution; aussi tant que les phares à lumière électrique ne seront pas employés, les pauvres gardiens n'auront pas toutes leurs aises, loin de là. Il arrive parfois que dans les rudes froids de l'hiver, obligés de se tenir dans l'intérieur de l'appareil, debout sur la plaque de fonte qui se trouve à sa base, ils ont les yeux aveuglés par cet océan de flammes et de lumières, et les pieds comme plongés dans un bain de glace et de neige. Ils se relayent de quatre heures en quatre heures, passant les moments de repos dans une logette inférieure où il y a un lit. L'un d'eux me disait que cet appareil à lui seul a coûté quatre-vingt mille francs.

Au retour, nous nous arrêtons un moment dans une auberge, où la femme de l'hôte nous reçoit presque comme des amis; il n'est pas rare de rencontrer à Belle-Isle, chez les simples paysans, une politesse qui va souvent jusqu'à la gracieuseté et la distinction. Le *baby* que la bonne hôtesse tient dans ses bras a neuf mois, et on veut déjà lui apprendre ses prières : tout s'explique quand j'entends dire que l'oncle du petit est un des missionnaires d'Alger tués sur la route de Tombouctou l'an passé.

Rentré dans la ville par la porte de Vauban, je m'amusai longtemps à regarder par la fenêtre de ma chambre les pêcheurs de homards, emballant leur bien dans des paniers qui ne devaient être ouverts qu'à Paris; l'un de ces homards avait les plus formidables pinces que j'aie jamais vues : ces deux paires de ciseaux mesuraient environ trente centimètres. Mettez le doigt là dedans, il sera coupé net. Puis la nuit vint et j'allais me coucher; le bateau à vapeur devait partir, comme cela lui arrive assez souvent, selon la marée, à quatre heures du matin.

V

CORNOUAILLE ET LÉON

Tout le monde m'avait dit : il faut, pour compléter votre excursion en Bretagne, voir un peu la Cornouaille et le pays de Léon. A Carnac j'avais rencontré un professeur du collège de Pont Croix, qui m'avait invité à le venir voir dans ses pénates. Je partis donc pour Quimper. Émile Souvestre dit quelque part : « Il serait difficile de trouver à Quimper un caractère décidé. C'est une arène où combattent avec acharnement l'esprit nouveau et l'esprit ancien. Quimper a quelque chose d'une douairière qui a adopté les chapeaux et les châles Ternaux, en conservant ses mules, ses jupons brochés et ses bas de soie à côtes. » Je trouvai à Quimper tout simplement un caractère provincial très marqué; sans doute cet évêché est coquet, cette cathédrale gracieuse, avec ses deux flèches de soixante-quinze mètres de haut; cette rivière, l'*Odet*, est joliment encadrée entre deux quais blancs très propres, et bordés d'hôtels et de cafés; mais ces rues sont presque désertes; cette allée de hêtres au-dessus de la rivière longe la campagne et les champs de blé; ces places mignonnes n'ont d'autre animation que celle que va leur donner le départ de la diligence de Pont-Croix.

Nous roulons entre des prairies et des champs bien cultivés. Rien de remarquable jusqu'à Comfort, où l'on s'arrête près de l'église; on entre pour voir les vieux vitraux, les vieilles sculptures, les vieilles boiseries et la vieille *Roue de Fortune*, ornée de clochettes et suspendue à la voûte. On regarde aussi un calvaire sculpté sur la place de l'Église; ces calvaires sont une des curiosités du Finistère, et il n'est rien de beau et de solennel comme l'aspect de cette longue croix et de ces figures de grandeur naturelle vers la tombée de la nuit, quand tous leurs contours se détachent vigoureusement sur un fond un peu assombri, illuminés seulement par un rayon de soleil couchant.

Une haute tour annonce l'approche de Pont-Croix, où je descends devant le collège; on m'y reçoit à bras ouverts, d'après la loi de l'hospitalité bretonne. Le directeur est le neveu de Mgr de Gaverand, ancien évêque de Quimper et député à la Législative, en 1848; il me montre l'établissement, qui est une ancienne collégiale; et m'amène dans la grande cour, où les élèves revêtus des costumes les plus divers, comme à un pardon de Sainte-Anne, dansent en rond, pendant qu'un d'entre eux joue sur le piston l'air connu :

> J'suis né natif du Finistère,
> A Saint-Pol j'ai reçu le jour;
> Mon pays est l'plus beau de la terre,
> Mon clocher l'plus beau d'alentour.
> Aussi j'l'aimais et je m'disais,
>   Tous les jours que Dieu fait :
>   Que j'aime ma bruyère,
>   Et mon clocher à jour.

Les paroles sont naïves, l'air est mélancolique; cette sorte de poésie est particulière au Finistère, pays de mœurs simples et patriarcales, où les sentiments du cœur s'expriment sans recherches ni tournures, mais en termes vifs et touchants. Lisez le recueil de M. de la Villemarqué, le *Barzas-Breiz*, il vous fera plutôt pleurer que rire, assurément.

On me procure une sorte de fiacre rustique pour aller à la pointe du Raz, au *Finistère* proprement dit. La pointe du Raz est, en effet, à l'extrémité de la côte sauvage de Plogoff; on longe un instant la baie d'Audierne, dont les rives sont couvertes de gros galets ronds, luisants et empilés les uns sur les autres; — ce ne sont plus les plages sablonneuses et faciles de Carnac ou de Belle-Isle; — puis on rencontre des champs stériles, des landes, et quand on arrive au terme de l'excursion on a devant soi la pointe dentelée, et tout au bout la tour du phare et le sémaphore; à gauche la baie d'Audierne, et à droite celle des Trépassés; c'est celle-ci qui attire la curiosité des étrangers. Une grande fille, les pieds nus et les cheveux en broussailles, qui tricote des bas au pied d'un petit muret, en gardant des moutons, m'indique un sentier très difficile et très périlleux par lequel je descends, au péril de mes jours; en bas, tout en bas, on voit l'abîme, l'enfer de Plogoff, un entonnoir, une chaudière, formé de rochers rouges, où les flots houleux s'élancent, s'engloutissent, s'entrechoquent, bouillonnent et rejaillissent jusqu'à moi avec des hurlements féroces et des détonations qui ressemblent à des coups de canon.

Les deux côtes sont escarpées, hérissées d'écueils, de même aussi le rivage du côté de la pointe du Van, l'autre extrémité de la baie des Trépassés. Pourquoi ce nom lugubre? Sans doute parce qu'on y embarquait les corps des druides pour les ensevelir à l'île de Sein, qui se dresse en face et rappelle les naufrageurs, et aussi la dernière des neuf vierges prêtresses de Teutatès, l'héroïne de Chateaubriand, Velléda; sans doute encore parce que les naufrages et les désastres maritimes y sont fréquents, et que les cadavres y sont rejetés par l'implacable mer. Le cimetière voisin de Plogoff est rempli de morts inconnus.

Serait-ce enfin à cause de l'antique Sodome armoricaine, qui fut détruite par Dieu à cet endroit même, en punition des crimes de Dahut, la fille du roi Grallon? En une seule nuit l'Océan franchit les digues qui le séparaient de la ville d'Is, et vint la submerger avec tous ses habitants. Seul le bon roi Grallon put s'enfuir à cheval après avoir pris sa fille en croupe; mais le flot le poursuivit longtemps, réclamant la coupable comme une proie : elle tomba de cheval, et à l'instant la mer l'engloutit et s'arrêta. On voit à Quimper la statue du bon roi qui galope toujours, entre les deux flèches de la cathédrale, et rappelle aux Cornouaillais la terrible légende. Çà et là, aux environs de la Pointe, on trouve aussi des ruines de murailles et des substructions qui témoignent assez qu'autrefois des édifices considérables ont dû s'élever au bord de l'Océan. Ici encore, mystère !

Je ne m'arrachai qu'avec peine à ces rivages, et, longtemps assis sur un rocher, j'étais resté les yeux fixés du côté de l'île de Sein, songeant à tout ce qui avait dû se passer sur ce coin de terre célèbre. A la lumière du soleil je voyais les longues processions des prêtres en tunique blanche, allant cueillir le gui sacré, et j'entendais les cris des victimes au milieu des sanglants sacrifices. Puis c'était la nuit, et au milieu du fracas de la houle et des rafales, je percevais des bruits sinistres : coups de canon d'alarme et cris d'angoisse et de désespoir; un navire s'abîmait sous les eaux en furie, et là, en face, une foule inhospitalière et méchante accourait avec des torches, des cordages et des crocs pour recueillir les débris et les épaves. La scène changeait de nouveau, et plus loin, à Crozon, vers la haute mer, je voyais encore, dès le grand matin, avant l'aube, une barque entourée de centaines d'autres. Un prêtre est debout au milieu, et il célèbre la messe entre le ciel et l'eau. C'est encore Jésus sur la mer de Galilée; il commande aux vents et à la tempête : il règne un grand calme; mais là, tout près, sur la côte, à terre, c'est la Terreur : on ne veut plus de Dieu, ni de ses ministres qu'on persécute et qu'on met à mort tous les jours.

A Audierne, au retour, j'ai le spectacle d'une noce bretonne prenant ses ébats. Deux ménétriers, montés chacun sur une barrique vide, comme dans les vieux tableaux hollandais, jouent du biniou, de l'antique et pastoral biniou, et aux sons cadencés et nasillards de l'instrument national, les paysans en costume du xvii⁰ siècle, habits noirs et larges, et gilets aussi grands que l'habit, les femmes, en noir et blanc, dansent et tournent en se tenant les mains.

Tempête sur les côtes de Bretagne.

Le grand cercle mouvant, grave, silencieux, tourne, tourne sans cesse au bord de l'eau, sur la grève; et la mer, qui vient baigner les pieds des danseurs, fait aussi sa partie de grosse basse dans le concert nuptial : on dirait qu'elle est de la fête. Il n'y a rien à voir, du reste, à Audierne, si ce n'est une grande rue où des filets roussis sèchent au soleil, en répandant au loin une odeur repoussante.

Le train de Quimper m'emporte à Landivisiau, dans le pays de Léon. A la gare de Landivisiau je trouve une diligence; oh! mais une diligence comme dans le vieux temps, tout à fait, celle-là! Coupé, rotonde, intérieur, impériale, banquette : le tout est neuf, flambant jaune; ce qui indique qu'on ne pense pas à la concurrence possible du chemin de fer. En route pour Saint-Pol! Au sortir du bourg je rencontre une foire aux chevaux, et c'est à grand'-peine que notre lourd véhicule peut parvenir à fendre la foule pressée des bêtes et des maquignons. Il y a là des milliers de chevaux de tout genre : chevaux de trait, petits chevaux de selle, chevaux destinés à la charrue ou à la carriole; ils courent, se pressent, se heurtent, se meurtrissent, hennissent, ruent, se cabrent, résistent; le coup d'œil est joli, et les maîtres ont arboré pour ce jour-là leurs plus beaux chapeaux à chenille noire, et leurs larges ceintures bleues passées sous la veste entr'ouverte.

Luxuriante végétation, vallées vertes et fleuries, gracieuses houblonnières, cabanes au toit de chaume moussu, clochers à jour, où à travers les larges baies des campaniles, on aperçoit les cloches, dont les sons gais ou lugubres nous arrivent à la montée du chemin : voilà le Léonais!

J'arrive vers le soir à Saint-Pol-de-Léon; celle-ci est la ville des rêveurs et des poëtes; l'historien y trouvera encore le xve siècle, ses rues silencieuses, ses maisons de grand style à pignons, les vieux logis de bois sculpté et les églises élancées, sveltes, un peu tristes, mais portant haut leurs admirables clochers dans la nue. Tel m'apparut

Saint-Pol quand la diligence s'engagea dans la grand'rue au triple galop, et que les commères sortaient toutes sans exception sur le pas de leurs portes pour assister à notre entrée triomphale.

La cathédrale de Saint-Pol, qui date du XIIIe siècle, a une série de stalles sculptées fort curieuses; curieuse aussi la crosse en bois doré qui soutient derrière le maître-autel la custode du saint Sacrement.

L'église du Creizker attire l'attention et l'intérêt du visiteur par son clocher, qui s'élève entre la nef et le chœur sur quatre piliers; sa flèche, découpée à jour, flanquée de quatre clochetons, a soixante-dix-sept mètres de haut. C'est une merveille, et Ozanam disait que « si un ange descendait du ciel, il poserait le pied sur le Creizker avant de s'arrêter sur la terre d'Armorique. » Le Creizker est comme l'escalier du ciel; rien qu'à le regarder on se sent pousser des ailes et on a des envies de s'envoler. Le cimetière que je vais visiter ensuite me ramène en bas. Saint-Pol est une des villes affectionnées de la noblesse bretonne. Le cimetière, entouré d'ossuaires gothiques, est tout plein de pierres tombales armoriées et d'écussons de nobles familles; les tombes nouvelles ressemblent exactement aux anciennes, tant est grand l'amour que ce pays porte aux choses antiques et aux usages d'un temps qui n'est plus.

Aux environs de la ville, sur la route de Roscoff, la route court entre des potagers immenses : ce qu'il y a là de panais aux feuilles exubérantes, de carottes panachées, de radis noirs, de choux rouges ou pommés, ou de ceux que Milan et Bruxelles ont baptisés, de haricots d'Espagne aux fleurs rouges, de betteraves aux feuilles luisantes, d'artichauts, de choux-fleurs et d'asperges barbues; ce qu'il y a là de tout cela est incalculable.

Et je ne parle pas des oignons, des poireaux, qui ont si curieusement excité la piété des sujets de Rahmsès ou de Sésostris, des belles laitues, des chicorées et des romaines. Au milieu de ces richesses trônent les gros potirons joufflus, et on aperçoit, en s'approchant de près, les modestes concombres qui serpentent sous les larges feuilles, et les gourdes du pèlerin qui étalent leurs panses rebondies. C'est un vaste jardin, et la France et l'Angleterre peuvent être rassurées pour longtemps : Londres et Paris ne mourront pas de faim.

Une calèche de voyage me conduit à Notre-Dame-du-Folgoët, à dix lieues de là. Belle église et touchante histoire. L'église du Folgoët a été bâtie sur la tombe d'un fou, du fou Salaun, à deux kilomètres de Lesneven, où il y avait autrefois une grande forêt dans laquelle il vivait.

« Là, comme un passereau solitaire, a dit un chroniqueur, il solfiait à sa mode les louanges de la Vierge adorable, à laquelle après Dieu il avait consacré son cœur, et de nuit, comme le rossignol, perché sur l'épine de l'austérité, il chantait *Ave Maria!* » Quand le fou du bois avait faim il allait mendier dans les fermes en disant : *Salaun zébré bara*, « Salaun mangerait bien du pain. » On lui en donnait, et il remerciait par deux mots : *Ave Maria!* Rencontré sur des routes par des passants et des soldats qui le battaient, il ne se plaignait pas, il disait seulement : *Ave Maria!* Revenu dans sa forêt, il se balançait à une branche d'arbre suspendue au-dessus d'une fontaine, en répétant toujours : *Ave Maria! Ave Maria!* Puis, après quarante ans de cette vie, il mourut doucement près de la fontaine, et quand il fut mort on l'enterra; par un jour d'hiver un lis vint sur sa tombe, et le lis sortait du cercueil et de la bouche du pauvre fou, portant ces mots écrits en lettres d'or au milieu des blanches pétales : *Ave Maria!*

On remarque au Folgoët un jubé et une rosace fort curieux. La source de la fontaine du fou est sous le maître autel, et va se répandant en dehors, derrière le sanctuaire. Il y a de beaux vitraux qui racontent l'histoire de Salaun.

Je revins par Nantes. Le jour où j'y passai, c'était le Sacre, la procession célèbre; tout Nantes était là : les autorités derrière le dais principal, le commandant du corps d'armée, un brillant état-major, les sénateurs nantais, une foule énorme, sympathique, pieuse même. Aussi devant ce témoignage et cette affirmation solennelle je me suis dit : Voilà toujours la Bretagne; la vraie, la vieille France est restée là; elle est l'honneur du pays, car elle a encore l'amour des choses saintes, grandes et nobles, elle a la foi en un mot, et peut-être devrons-nous un jour placer en elle nos espérances dernières.

VI

A LONDRES. — HYDE-PARK

La vie est faite de contrastes, et il me paraissait curieux, après avoir goûté le calme et le repos des champs, d'aller me plonger au milieu du brouhaha et de la poussière des villes. Je partis pour l'Angleterre avec un excellent ami, qui depuis longtemps nourrissait le même projet que moi : après la Bretagne, la Grande-Bretagne; mais entre les deux la différence est grande, on va le voir.

Je me suis toujours demandé pourquoi mes chers compatriotes, qui détestent tant voyager, n'ont pas au moins le courage de passer le détroit et d'aller à Londres dans les beaux jours de juin et de juillet; c'est le moment pourtant. La grande métropole anglaise est tout proche : on y arrive en quelques heures; il n'y a plus ni boue ni brouillard; l'Angleterre est alors un pays ravissant; la Manche, à cette époque, ne vous joue plus de mauvais tours et la course est peu coûteuse. Mais bast! mes chers compatriotes sont si bien chez eux, ils aiment si fort parler leur langue maternelle et ajouter quelques piécettes à leurs économies bourgeoises, qu'ils ne pensent guère à la *Old England*. Eh bien! amis, vous avez tort! j'avoue que j'allais dans la vieille Angleterre, après toutes mes pérégrinations, comme par manière d'acquit; quand j'arrivai là-bas, ce fut toute une révélation.

Nous fuyons vers le nord, un pays plat et propre, aux maisons basses, aux toits pointus; beaucoup de pâturages, des bestiaux magnifiques. Nous arrivons à Boulogne vers midi; promenade dans les rues de la ville, devant le Casino, qui dresse vers le ciel ses rochers artificiels, bizarres et laids; promenade sur la plage, au bout de la jetée. Nous aurions pu partir de Paris à 1 h. 10 après midi; le train arrive alors et vient se ranger presque bord à bord du bateau à vapeur, qui part immédiatement à 5 h. Jolie mer, bonne brise à l'arrière; le capitaine a un figure tout à fait insulaire, mais il y en a bien d'autres que lui! les laquais galonnés se tiennent au port d'arme, attentifs et empressés au moindre signe de ces vieux lords aux mains blanches et fines, au visage aristocratique. La traversée est charmante; pas l'ombre de ce terrible mal que redoutent par-dessus tout les Français, parce qu'il enlève toute crânerie, rend bien sot et surtout coupe la parole et fait rentrer les plaisanteries dans la gorge.

Du reste, qu'on le sache et qu'on se le dise : sur certaines lignes, comme celle de Calais à Douvres, par exemple, on a trouvé quelque chose après avoir longtemps cherché; on a trouvé des *steamers ad hoc* pour prévenir ou au moins diminuer l'affreux malaise; le navire est composé de deux bateaux absolument distincts; chacun a sa cheminée, son gouvernail, sa machine; ils sont accouplés par le haut de manière à ne faire qu'un pont : on a obtenu ainsi une plus grande largeur et par conséquent plus de stabilité; mais soyons francs, les résultats néanmoins sont médiocres.

Folkestone! le rivage anglais! Nous sommes à terre, nous passons au milieu d'une haie de badauds à bonnes figures rougeaudes et béates. En face du steamer et du quai on aperçoit la station du chemin de fer (*South Eastern Railway*); une bonne pâte d'employé du Nord-français, à l'air bon vivant, nous pousse dans un wagon; sans nous en douter nous voici de nouveau en marche; il est 7 heures et demie, nous devons arriver à 9 h. 40.

Comme on peut le penser, nous ouvrons les yeux dans les grands formats; nous roulons à travers la petite ville au milieu de ses maisons étagées en file, toutes identiques, les toits en ardoises s'élevant l'un sur l'autre avec une régularité monotone. Voici la campagne et voici la nuit; mais, malgré les ombres envahissantes du crépuscule, nous pouvons voir et les grandes prairies découpées par des haies en carré, et les chevaux, les vaches, les moutons, faisant sur ce beau vert éclatant des taches rouges, blanches ou brunes; les arbres, les champs sont d'une autre couleur, les bestiaux sont d'une autre race. J'aperçois encore dans la nuit les murs d'une vieille église ogivale en pleine campagne; je fais un petit somme, et je me réveille au moment où nous entrons dans la grande ville.

Quand on vient par Calais et Douvres, on descend à la station de *Ludgate-Hill* après le pont de *Blackfriars* dans la cité; en arrivant de Folkestone, nous descendons à *Charing-Cross*, station située à l'extrémité du grand pont de Charing-Cross.

On voit bien peu la ville à l'arrivée. L'impression, en enjambant à toute vapeur ces rues, ces *lanes*, ces maisons, c'est que Londres est mal éclairé dans les quartiers ordinaires. J'ai subi une autre impression : au-dessus du pont, à l'entrée du grand *hall* de la gare, on a établi une chambre à signaux qui forme un arc sous lequel les trains passent; ça ressemble assez à une vaste chambre de timonerie, à la passerelle d'un grand navire américain orné de gros yeux flamboyants, rouges, verts, jaunes, qui sont les lanternes et les appareils à signaux. Ajoutez à cela les quatre appareils électriques Siemens suspendus à la voûte de la gare à une très grande hauteur, et qui laissent retomber dans le vide leurs cordons de transmission sous les vastes réflecteurs; c'est d'un effet étrange, fantastique. Le train est à peine arrêté, que votre menu bagage est saisi, emporté dans une voiture, et que vous roulez déjà dans la rue. Dans la plupart des gares les stations de voitures sont rangées tout contre le quai de débarcadère : il n'y a qu'à sauter d'une voiture dans l'autre; jamais de temps perdu de la sorte.

On nous avait recommandé de nous installer à proximité de Charing-Cross, dans un des petits hôtels situés entre le *Strand* et la Tamise, et d'où l'on domine le grand square *Adelphi-Terrace* sur le fleuve; la vue est splendide là, et l'on embrasse d'un coup d'œil un vaste espace compris entre la *Tour* et *Westminster*. Nous cherchâmes un hôtel qu'on nous avait recommandé et qui n'avait plus une seule place disponible : force fut de nous rabattre plus près du Strand; nous n'avions pas la vue; mais à *Adelphi-Hotel*, on est tout près de *Trafalgar Square* et de *Charing-Cross*, où l'on trouve voitures, omnibus, chemins de fer, bateaux pour toutes les directions, à la plus grande commodité des voyageurs. La chambre qu'on me donna était ornée d'un lit à baldaquin et à colonnes torses, où l'on pouvait coucher six personnes adultes; il remontait probablement aux temps chevaleresques de Richard Cœur de Lion, et dans tous les cas à la reine Élisabeth; j'avais pour m'étendre un fauteuil long indien, et possédais quatre cuvettes et un nombre incalculable de serviettes de toilette. C'était *confortable* assurément.

Je dois avouer que dans les hôtels londoniens du second ordre on dort assez bien. Nous fîmes notre première sortie en *cab*. Comme conseil général, les amis qui m'avaient donné des renseignements sur cette intéressante excursion m'engageaient à chercher à me débrouiller moi-même avec le *guide Bœdeker*. « Lancez-vous sans crainte, m'avait-on dit, dans le dédale incompréhensible

Le cabman.

au premier abord du *Metropolitain railway*, des omnibus, des cabs, des bateaux à vapeur : c'est on ne peut plus commode. » Bœdeker contient, en effet, des plans extrêmement utiles.

Les cabs ne sont pas chers du tout et vont très vite; seulement on est aux prises avec le cocher, avec qui on s'explique à travers un petit trappon qu'on soulève au-dessus de sa tête dans la capote de sa voiture; c'est un véhicule fort agréable, et il faut en user de préférence aux berlines à deux chevaux.

Quant aux omnibus, ils partent tous de la *Bank*, mot que vous crient tous les conducteurs en passant; ils rendent service quelquefois, mais il faut bien savoir où l'on va; les impériales en revanche ne sont point commodes du tout : quand on y est assis, on a les jambes sous le menton. Le chemin de fer *métropolitain* est une des grandes curiosités de la ville et mériterait plusieurs visites spéciales, si l'on n'était souvent obligé d'y recourir pour ses excursions. Il faut faire attention aux écriteaux des plates-formes, car en montant quelquefois, soit en tête, soit au milieu, soit en queue du train, on évite des changements de voiture.

Les curiosités de Londres sont les concerts de *Covent-Garden*, si toutefois ils ne sont pas empêchés par le théâtre, qui joue pendant la *season*; puis *British Museum*, une des choses dont une nation peut s'enorgueillir à bon droit; *South-Kensington Museum*, ouvert le soir; le cabinet des figures en cire de M*me* *Tussaud*, ouvert le soir; *Westminster*, parlement et abbaye; la *Tour* de Londres, *Saint-Paul*, le *pont de Londres*, le *Strand*; les parcs, qui sont uniques au monde à cause de leur ampleur et de leur multiplicité; le jardin zoologique (*Regent's-Park*), *Piccadilly* et *Regent's street*, le *Palais de Cristal*, où il faut passer une soirée; enfin, pour un dimanche, *Hampton-Court*, *Richmond* et *Kew*, où l'on doit voir surtout les jardins.

Installés commodément dans notre cab, nous allâmes faire une visite à *Bayswater*, en passant par *Haymarket*, *Regent's street* et *Oxford street*; cela nous donne immédiatement des idées nettes et précises sur l'immensité et la beauté de la capitale anglaise. Nous pensâmes ne jamais arriver, et en arrivant il fallut, bien entendu, payer le cocher double, car la course de deux milles vaut 1 schelling : nous avions fait amplement nos trois milles. Nous eûmes la malchance de ne pas rencontrer la personne que nous venions chercher si loin. En voyage, il ne faut jamais se désoler de rien ; les incidents heureux succèdent aux accidents fâcheux, et c'est le cas de dire : « A quelque chose malheur est bon ; » nous en eûmes bientôt la preuve.

Nous revenions bras dessus bras dessous à travers les rues de ce joli quartier de *Bayswater*, quand nous tombâmes, après avoir marché, il est vrai, un temps suffisant, sur un parc superbe : c'était *Hyde-Park*, le plus beau et le plus vaste des jardins de Londres. L'effet produit, c'est qu'il semble qu'on est à cent lieues dans la pure campagne, et pour mieux augmenter l'illusion, dans ces grands espaces dépourvus d'arbres, au milieu de ces verdoyantes prairies, les bœufs et les moutons vivulent et broutent à leur aise en vous regardant passer avec leurs gros yeux ronds. La Serpentine, une vraie rivière, coule plus loin entre les massifs et les fleurs, et plus loin encore nous retrouvons de grandes clairières.

Nous apercevons des soldats faisant l'exercice ; soldats singuliers, en veste et pantalon blancs, et sur la tête une toque bordée d'une bande à dessins quadrillés. Les officiers sont montés et portent une tunique longue et noire, qui semble être de soie. Là, à côté, contre cette maisonnette, voici la musique qui répète ses morceaux ; les timbaliers frappent sur de larges tambours avec des baguettes arrondies aux extrémités en forme de boules, les cuivres éclatent, les fifres mettent là dedans des notes joyeuses. Je pousse mon compagnon du coude ; en tournant la tête, je viens d'apercevoir quelque chose de nouveau encore : sur le gazon du parc, douze hommes se promènent de long en large, douze hommes vêtus d'une façon bizarre. En nous approchant nous constatons que nous avons sous les yeux les joueurs de cornemuse du régiment des gardes-écossaises ; ils tiennent du reste leurs instruments en main ; ils ont les jambes nues, la claymore à la ceinture. Bientôt tous ces soldats s'organisent en rang de marche, et les voilà qui s'en vont à travers la grande allée de Hyde-Park ; d'abord les cornemuses, laissant flotter au vent leurs grands rubans à carreaux rouges, blancs et noirs, et jouant les airs sauvages des *Highlands*, les timbaliers et les jeunes fifres derrière et y allant de tout cœur avec un brio enragé ; les troupes emboîtant ensuite le pas. Leur allure et leur crânerie font plaisir à voir ; nous les suivons comme des enfants.

En sortant par la belle porte de *Hyde-Park Corner*, tout près de la superbe statue d'Achille que les dames anglaises ont élevée en l'honneur de Wellington, nous rencontrons de nombreux cavaliers qui viennent faire le tour du bois : il y a beaucoup d'enfants qui montent admirablement de jolis poneys ; il y a beaucoup d'amazones qui vont seules, suivies à distance respectueuse par un domestique en livrée ; une d'elles arrivant à l'entrée du parc, à un endroit où l'affluence des voitures est grande, un *policeman* se précipite et fait arrêter la voiture pour lui livrer passage. Je n'oublierai jamais l'air courtois de ce policeman et la fière mine de cette dame qui passait comme une déesse devant qui tout s'inclinait.

Les parcs succèdent aux parcs. C'est d'abord *Kensington-Garden*, puis *Hyde-Park*, puis *Green-Park*, *Palace-Gardens* et *Saint-James-Park*. Près des jardins de la reine on trouve le palais de Buckingham, qui est la résidence royale. Celui qui voudrait voir un édifice, somptueux peut-être, mais très inférieur au Louvre et aux Tuileries, n'aurait qu'à venir ici ; en revanche, il y admirerait des grenadiers rouges en bonnet à poil et d'une superbe prestance ; les sentinelles font leurs dix pas, vont et viennent et ont des mouvements aussi réguliers que des automates de Vaucanson.

Nous revenons à Adelphi-Hotel déjeuner à l'anglaise : thé, beurre, œufs et rosbif à volonté ; c'est substantiel, mais peu varié ; pendant ce temps-là on lit le *Times* qui a douze pages, et après on peut écrire à sa famille dans le *dinner-room*. Pendant le repas nous faisons aussi nos prix

Le Highlander.

avec l'hôtelier, qui nous donnera la chambre et le déjeuner pour 5 schellings. Ce n'est pas cher ; on dîne au restaurant, dans le Strand, tout près ; il n'y a qu'à choisir.

Les hôtels sont toujours d'un confortable étonnant, mais assez chers dans les plus beaux : la note comprend l'*at-*

tendance (service), qui vous dispense de tout pourboire ou étrenne. On prend le déjeuner vers onze heures.

Il y a deux questions capitales en voyageant par ici : la monnaie et la langue; la monnaie est le *schelling* (1 fr. 25) comprenant 12 *pences*; il faut 20 schellings pour faire une *livre sterling*; 18 livres, 3 schellings, 9 pences, s'écrivent 18/3/9.

Les additions sont très commodes : il y a trois colonnes *L. sch. d.* (pence) et les reports sont difficiles à faire. Le meilleur sera toujours en venant à Londres de changer son argent contre des *banknotes* de 5 *pounds* (125 fr.); la *guinée*, peu usitée, vaut 21 schellings.

La langue maintenant; observations principales pour le Français : ne prononcez pas d'*r*; vous ferez un usage beaucoup plus pratique de cette consonne en l'employant à prolonger et presque à redoubler la voyelle qui la procède. Les *l* devant une autre consonne produisent un son guttural. Il faut prodiguer les inflexions et étudier longtemps la prononciation du mot *office*. On ne dit jamais numéro 1, mais *number one*. « En haut » se prononce *up stairs* (dans une maison); *ten minutes walk* veut dire « à dix minutes d'ici », en marchant d'un bon pas.

Et nous nous conformions bravement à tous ces conseils-là, tout en observant mille autres rubriques, comme de n'ôter jamais son chapeau et de ne pas fumer, dehors, bien entendu, *shocking!* Lisez là-dessus Topfer dans les *Nouvelles génevoises*.

VII

SAINT-PAUL. — LA TOUR. — LES DOCKS

En somme nous n'avions pas perdu notre matinée et nous nous étions assimilé Londres, nous devenions Anglais. Après le déjeuner nous allâmes à *Saint-Paul* par le *Strand*, la *Cité* et le *Temple*. Le Strand est une large artère où l'on peut admirer de brillants magasins; ce mot signifie rive. Elle longe en effet la *Tamise*, dont elle est séparée par une rangée de maisons; c'est là qu'autrefois habitaient les nobles et les membres du haut clergé anglican. Entre le Strand et la Tamise, ce qui me frappa le plus, ce fut le beau palais de *Somerset-House* : la façade a 47 mètres; les bâtiments actuels furent construits en 1776, à la place d'une maison qui appartenait au protecteur Somerset; ils furent habités par Henriette de France, femme de Charles Ier, et que nous connaissons si bien par l'oraison funèbre de Bossuet. La façade du côté de la Tamise a 240 mètres, et elle s'élève sur une terrasse de 15 mètres de haut en face du quai Victoria; le palais a, dit-on, 3,600 fenêtres; on y a établi la Cour des comptes, les Douanes, le Timbre et d'autres services.

Le Temple, ainsi nommé parce qu'autrefois un couvent de templiers s'élevait sur son emplacement, est le quartier des procureurs, de la chicane, des étudiants en droit, des corporations de justice; son église, *Temple Church* ou *Sainte-Marie*, de style gothico-normand, est assez remarquable, surtout par ses décorations. On y voit encore des tombes de templiers du XIIe et du XIIIe siècle, entre autres celles du comte de Pembroke, William Marshal, beau-frère de Jean Sans-Terre; dans le cimetière on peut voir aussi la tombe de Goldsmith, bien connu par le *Vicaire de Wakefield*. C'est dans les jardins du Temple que furent cueillis, d'après Shakespeare, les roses blanches et rouges des maisons d'York et de Lancastre qui ont donné leur nom à la fameuse guerre civile.

« Que celui qui est vrai gentilhomme, dit Plantagenet, cueille avec moi une rose blanche à cet églantier. — Que celui qui n'est pas un lâche, répond Somerset, cueille avec moi à cette épine une rose rouge. — Cette querelle, conclut Warwick, née dans les jardins du Temple, précipitera des milliers d'hommes dans les ombres du tombeau. » (Shakespeare, *Henri VI*; a. II, sc. IV.) On a démoli en 1878 la porte de *Temple Bar* près du Strand, où l'on exposait autrefois la tête des criminels sur des piques et où le roi demandait la permission au lord-maire d'entrer dans la Cité.

Je n'entreprendrai pas de décrire la cathédrale de Londres, Saint-Paul; on a voulu la comparer à l'œuvre de Michel-Ange, à Saint-Pierre de Rome. Personne ne pourra jamais me persuader que ce vaste édifice, dont la nef est longue de 152 mètres et la coupole haute de 68, dont les murs extérieurs sont noirs de brouillard et de fumée, et qui est enserré dans les maisons voisines ou dégagé si peu, qu'il est inutile d'en faire mention, ressemble à ce temple auguste, aux proportions harmonieuses, aux dimensions énormes, aux pierres polies et immaculées, qu'on ne peut contempler sans émotion du bas de la *piazza di San Pietro*. Cette sublime colonnade du Bernin et le ciel bleu d'Italie, cet obélisque qui chante la victoire du Christ et les fontaines murmurantes forment un cadre inimitable et qui restera toujours le modèle du genre. J'aime presque mieux notre Panthéon avec sa place grandiose et la large avenue qui le précède. Ces restrictions faites, j'ai néanmoins trouvé que Saint-Paul avait un certain air de grandeur. Le chœur est long, très bien adapté aux besoins du culte et du culte catholique surtout, si jamais!... Un lutrin énorme s'élève devant la grille du chœur et supporte une Bible colossale. Je crois aussi que

Saint-Paul.

l'Angleterre fait un abus des grands hommes; c'est comme pour les statues sur les places publiques; il y en a parfois jusqu'à huit ou dix, et j'ai vu des socles tout préparés pour de nouveaux héros à pied ou à cheval. Or, à Saint-Paul, c'est une profusion incroyable de tombes illustres. En lisant les inscriptions, je remarquai souvent les mots *Upon French fleet*, qui m'indiquaient assez clairement qu'il s'agissait d'une bataille navale remportée sur nous. Chers et éternels ennemis, je ne vous en veux pas pour cela; si vous nous avez donné des coups, nous vous les avons bien rendus, n'est-ce pas?

Nous inclinâmes la tête devant les monuments de Nelson et du duc de Wellington; leurs sarcophages sont dans la crypte de l'église; le cercueil de Nelson a été fait avec le grand mât du vaisseau amiral français *l'Orient*, qui sauta à la bataille d'Aboukir. Plusieurs tombes et quelques drapeaux nous rappellent aussi la Crimée, où nous avons combattu si glorieusement les uns à côté des autres.

Le *general Post-Office*, ou hôtel central des Postes, est à quelques pas; c'est un beau monument de style grec, situé en face d'un autre hôtel superbe, celui du Télégraphe, qui a coûté 450,000 livres sterling. Nous aurions bien voulu aller visiter l'école commerciale de *Christ's hospital*, qui a été fondée au temps d'Édouard VI, et où les petits bonshommes qui étudient portent encore le costume de cette époque : bas jaunes, culottes et robes bleues; nous n'avions pas le temps; nous ne pûmes non plus aller à la prison de *Newgate*, la principale de Londres, qu'on trouve dans les environs.

Cheapside nous amène de la Poste à *Poultry*; le grand Milton naquit dans une petite rue qui donne précisément dans Cheapside. Nous sommes placés en face de Poultry, ayant devant nous *Mansion House*, le palais du lord-maire, et à gauche la *Banque d'Angleterre* et la *Bourse* ou *Exchange*, tous monuments corinthiens étalant leurs formes grecques au centre de la brumeuse cité. Nous regardons bouche béante la cohue, nous écoutons le grand tapage, quand un policeman à l'air paternel qui vient de faire traverser la rue à une femme et à un enfant, — ce qui n'est pas une mince affaire, — se retourne vers nous, et, sans que nous le questionnions, nous désigne les édifices curieux des alentours et nous engage à aller vers le *Guildhall,* ou salle des corporations. Nous nous empressons de l'écouter et nous entrons bientôt dans une immense salle gothique, qui sert aux réunions municpales et aux grands dîners officiels du lord-maire. On nous y montre les deux colosses en bois Gog et Magog, portés jadis devant le magistrat le jour de son installation.

Par *King-William street* on gagne le *Pont de Londres*, où on a encore mieux l'idée de l'activité incroyable et de la circulation énorme de cette immense ville. Le port de Londres est aux pieds du pont, car nul obstacle n'empêche les grands navires d'arriver jusqu'ici. Le *Monument*, cette haute colonne dorique que l'on voit à côté, surmontée d'une grande urne d'où sortent des flammes, a été élevé en 1671, en mémoire du grand incendie qui consuma quelques années auparavant toute une partie de la ville.

Nous essayons de fuir la mêlée, la cohue; mais ce n'est pas dans ce quartier de Londres qu'il faut venir pour être tranquille. Entre *London-Bridge* et la *Tower* (Tour), il y a une rue que je ne conseillerai pas aux promeneurs de prendre : on l'appelle *Lower Tames street* ou rue Basse de la Tamise; je l'appelai, moi, rue de la Poissonnerie; l'odeur peu agréable de la marée et du poisson vous prend à la gorge, les gros camions chargés de pains de sucre ou autres denrées vous écrasent les pieds, et, faites bien attention en passant le long de ces maisons, moitié habitations, moitié magasins ! des câbles attachés à des poulies montent et descendent des charges pesantes le long des murs, et vous pourriez bien recevoir le ballot sur la tête.

La Tour de Londres ! saluons cette relique, dont une partie, la tour Blanche, remonte à Guillaume le Conquérant lui-même, et prenons des billets pour entrer; on en donne deux : un pour l'arsenal et l'autre pour voir le *Regalia* ou les joyaux de la couronne. La Tour de Londres, qui fut une prison d'État, est encore une forteresse respectable, et vraiment, avec son enceinte de murs crénelés, ses fossés, ses casernes, ses canons et ses soldats rouges, elle a une noble tournure. Ce qui achève de lui donner du caractère, ce sont ses gardiens revêtus du costume qu'on portait au temps d'Henri VIII et qui va bien à ces vétérans : tunique rouge à plastron, aux armes du Royaume-Uni, culotte et souliers à gros nœuds bouffants, collerette plissée, chevrons portant l'image de la Tour en broderies d'or, chapeau de feutre noir, et pour arme la hache d'armes du *Lochaber* emmanchée à une longue hampe; l'aspect seul en est effrayant. Les armures d'Henri VIII, d'Édouard VI, des Stuarts, se voient dans le musée; les joyaux de la reine et du prince de Galles, la couronne et le sceptre de saint Édouard, le *Koh-i-noor*, gros diamant de 102 carats qui vient du rajah de Lahore, sont installés dans la tour de Wakefield. Anne Boleyn, Catherine Howard et d'autres personnes qui, aux époques sanglantes de l'histoire d'Angleterre, furent exécutées dans la Tour ou aux environs, sont inhumées dans la chapelle de la forteresse.

Une des grandes curiosités de Londres nous restait à voir pour finir notre journée : les Docks; le chemin de fer, *Blackwal-Railway* nous conduisit en peu de temps aux grands docks des Indes occidentales (*West-India*). Les ingénieurs de la compagnie ont bien fait de placer des tringles aux portières des wagons, car le train, la plupart du temps, s'insinue dans des tunnels et des tranchées, où il rase les murailles; on pourrait être décapité en un clin d'œil, si l'on mettait la tête dehors.

Bassin immense qui peut contenir 460 gros navires, grues qui étendent leurs grands bras de fer en grinçant, magasins aux ouvertures béantes et noires, comme des gouffres sans fond, hommes de toutes les couleurs et de toutes les races, quantité énorme de marchandises, caisses et ballots, sacs et barils, boîtes et paquets de toutes sortes qui couvrent les quais et les digues : voilà les docks de

Londres. Un de nos ingénieurs qui avait vu cela me disait un jour : « C'est la grandeur de leurs moyens plutôt que leur nouveauté qui est intéressante à étudier. Ils creusent un bassin de 150 mètres de large sur 3 kilomètres de long, l'entourent de murs, de quais, les ferment par des écluses et un avant-port considérable, et veulent avoir fini tout cela dans trois ans et demi. » Les murs des quais sont faits entièrement en béton, et ce béton lui-même est fait avec un mélange grossier de sable et de cailloux qu'on trouve tel quel en creusant le bassin. Les navires qui sont dans les bassins sont superbes, et nous ne nous lassions pas d'admirer la puissance des engins employés à les charger ou à les décharger; il y avait, par exemple, un appareil qui tient lieu de forme de radoub; il consistait en une série de pistons hydrauliques portant des traverses, qui prenaient le navire sous la quille et l'enlevaient en l'air; cela fonctionnait très bien et très économiquement. Les Anglais utilisent tout et ne sont jamais embarrassés, comme on le voit. A Londres on manque de place souvent, surtout pour les gares de marchandises des chemins de fer; eh bien! on les construit sous tunnel; qu'est-ce que cela fait? On n'y verra pas clair? On allume le gaz ou les charbons électriques, et d'énormes cavernes sont entièrement creusées sous la partie commerçante de la ville, aussi près que possible de la surface du sol.

Retour à notre hôtel par le bateau à vapeur de la Tamise. Les *steam-boats* ne sont pas aussi gentils que nos *hirondelles* parisiennes, et la Seine, avec son enfilade de quais, est plus coquette que la Tamise bordée de maisons noires et couverte de navires de commerce; mais celle-ci ne manque pas de beauté et de grandeur; sa largeur impose, sa vie et son mouvement font plaisir à voir.

Beaucoup de monde sur le pont du bateau; des bourgeois surtout, des messieurs toujours correctement gantés et portant des gants en peau rouge, des *misses* aux cheveux d'or flottant sur les épaules, de vieilles dames très respectables. Une course en bateau à vapeur est toujours jolie; nous dépassons le pont de Londres, et peu à peu les monuments apparaissent. Voici la Tour, qui se dresse menaçante et sombre derrière un rideau d'arbres; voici le pont de Londres, *Cannon-Bridge*, supporté par des piliers tubulaires, avec la station du chemin de fer au bout, et la chambre des signaux à l'entrée, *Southwark-Bridge*, qui relie la Cité au quartier du sud, le Southwark, Saint-Paul, très beau vu d'ici, le pont de Blackfriars; — il a 387 mètres de long et repose sur cinq piles de granit surmontées de pilastres à chapiteaux, richement sculptés; — les jardins du Temple, le palais de Somerset, le magnifique pont de Waterloo (420 mètres de long), le pont de Charing-Cross sous lequel nous descendons et d'où nous apercevons le quai Victoria, l'aiguille de Cléopâtre, et dans le lointain le profil grandiose de Westminster.

On dîne bien après une course pareille. *Adelphi Restaurant*, dans le Strand, nous ouvrit ses portes hospitalières : c'est un Belge qui tient la maison; il s'était d'abord établi à Berlin, puis il est venu à Londres, et il gagne bien sa vie, nous assure-t-il; je le crois sans peine à voir l'affluence des clients qui se pressent chez lui et boivent l'*ale* dans de charmantes choppes d'argent à fond de verre, ou le porto dans les petits cristaux étincelants.

Ce soir-là nous prîmes l'omnibus pour aller dans le lointain quartier de *Portman-Square* et *Baker street*, où l'on trouve le fameux musée de cire de Mme Tusseaud; un policeman, voyant que nous voulions prendre la voiture économique, l'arrêta par un geste indicible : braves policemen, va! pères des voyageurs! Sur la carte, Baker street paraît tout près; mais c'est loin, on peut m'en croire; nous arrivâmes après la fermeture et nous manquâmes Tusseaud; nous étions désolés; enfin! Retour par Oxford street, Regent's street, Piccadilly, Pall-Mall, tous quartiers élégants, ornés de somptueux magasins, de superbes palais, de cercles où va le *high life*. Il y a dans

Regent's street une église qui donne l'illusion de Saint-Vincent-de-Paul de Paris, moins son immense escalier ; partout dans ces rues-là l'agitation, la circulation sont énormes ; c'est comme devant notre Bourse à deux heures après-midi ; mais ici, hélas ! on tient la bourse de chair humaine !... A Trafalgar-Square, trop de statues, trop de rois Georges. Je recommande la colonne de Nelson et le chapeau de l'amiral à ceux qui veulent tomber dans de douces joyeusetés ; c'est dommage, car le sauveur de l'Angleterre devrait nous inspirer la crainte et la terreur ; quel terrible homme ! il me semble que je l'entends prononcer la parole mémorable gravée sur le bas-relief du monument élevé à sa gloire : *England expects every man will do his duty;* « L'Angleterre attend de vous que chacun fasse son devoir. » Ils ne le firent que trop bien, par malheur pour nous !

VIII

WESTMINSTER ABBEY

Je me réjouissais d'aller voir *Westminster*. J'avoue que mon attente fut dépassée ; ce qui n'arrive pas toujours en voyage, on l'a peut-être expérimenté. Ce pont superbe, ce palais gothique du Parlement avec sa grille et ses lampadaires surmontés de couronnes royales, cette église du même style bien dégagée, près d'un vaste square, entourée d'un tapis vert constellé de marguerites blanches et du cimetière rempli de pierres tombales, cette statue équestre de Richard Cœur-de-Lion, ces grandes artères avoisinantes, ces rues princières, nous pouvons envier tout cela aux Anglais. Il y a vraiment certains quartiers de leur capitale que je prise autant que Paris, et ce n'est pas peu dire.

L'intérieur de l'église de Westminster me plaît tout autant. J'aime ce style gothique perpendiculaire ; la voûte est élevée, les nervures sont d'une délicatesse exquise, et il y a une profusion de sculptures et de tombeaux qui meublent entièrement ce monument et lui enlèvent la froideur et la rigidité protestantes.

Les Anglais conservent et respectent ce qui leur vient des ancêtres : voilà pourquoi ils ont tant de merveilles artistiques et tant de richesses précieuses accumulées. Ici les tombeaux des rois et des princes sont mêlés aux sépultures des grands hommes et des grands citoyens ; nous y remarquons celles de Palmerston, de William Pitt, de G. Watt, de C. Dickens. Sur celle de Dickens, — une pierre tombale encastrée dans les dalles du transept, — on vient de placer une couronne à laquelle est attaché un billet où je lis ces mots : *En témoignage d'affection ;* un lecteur sans doute qui a aimé le bon Charles dans ses livres.

Le chœur est au milieu du monument comme dans les églises espagnoles. Le service du matin va commencer, et, en soulevant indiscrètement une portière, nous voyons les chantres et les chanoines qui s'habillent dans la grande nef fermée pour la circonstance. Les petits enfants de la maîtrise ont des figures charmantes ; leur bonne mine, leurs façons, sont tout à fait remarquables, et leurs surplis très longs à grandes manches, leurs barrettes en forme de schapzka polonais, leur vont très bien. Le cortège se forme pour l'entrée dans le chœur où le défilé a lieu : voici d'abord une vingtaine d'enfants, puis une dizaine de chantres, puis trois chanoines avec le grand surplis, le schapzka et une sorte d'étole ou d'aumusse sur le cou, puis le doyen de Westminster, précédé d'un massier ; il a l'air très vénérable et prend place dans une stalle du fond, pendant que les deux autres officiants s'assoient dans les

Abbaye de Westminster.

deux places les plus rapprochées du sanctuaire. Le sanctuaire est élevé de plusieurs marches au-dessus du chœur; l'autel est riche : au milieu, sur la table, étincelle une énorme patène d'or.

Le public se place entre le chœur et l'autel, et au pied même des marches du sanctuaire s'élèvent l'ambon et le pupitre où l'on a placé le livre de la Bible.

L'office commence par une lecture de la Bible; un des chanoines, conduit par un bedeau tenant en main une longue baguette de bois, monte à l'ambon. Celui qui vint là lisait très distinctement, et parfois déclamait les passages les plus saillants. Ses traits énergiques, l'expression noble et sévère de son visage, sa longue barbe et sa tête presque chauve, quoiqu'il fût jeune encore, lui donnaient l'apparence d'un farouche covenantaire du temps de Cromwell, dominant l'assemblée des saints et implorant le secours de l'esprit d'en haut.

Quand il eut terminé sa lecture, j'entendis s'élever sous la voûte des chants d'une douceur infinie; c'étaient des versets et des répons alternés par les chantres du chapitre et les enfants de la maîtrise; ils furent suivis de la récitation des psaumes; cela tire les larmes des yeux et est d'un grand effet artistique. « Ce sont, nous dit Taine dans ses *Notes sur l'Angleterre,* de beaux chants en parties, des récitatifs graves, des rondeurs mélodieuses, des tours et une harmonie qui sentent la meilleure époque. L'orgue et les chanteurs, voix d'enfants et voix de basses, reprennent un motet plein et riche. Ainsi compris, le culte est l'opéra des âmes élevées, sérieuses et croyantes. »

Je remarquai que les chanoines s'enfermaient dans leurs stalles au moyen d'un système de rideaux. Pendant qu'ils chantaient à certains moments, vers la fin de l'office, le doyen et un des ministres allèrent s'agenouiller de chaque côté de l'autel dans le sanctuaire, et pendant tout ce temps les fidèles assis ou à genoux autour de moi avaient une attitude très recueillie; un vieux gentleman et sa fille à droite, un Indou et un nègre plus loin lisaient fort dévotement leurs prières dans le *Common prayer book*.

Après le service un clergyman obligeant, à qui je parlai en anglais et qui me répondit en français, m'indiqua la tombe de Livingstone, située tout au milieu de la grande nef. Les Anglais ont fait à cet explorateur incomparable, à ce grand compatriote, l'honneur de l'enterrer avec les rois; ils ne pouvaient mieux faire.

Je m'égarai un instant dans le cloître de Westminster, qui est voisin de l'église; par la brûlante chaleur du dehors, la fraîcheur de ce lieu est délicieuse; et puis toujours cette verdure, ces marguerites blanches qui viennent récréer les yeux et mettre une note gaie près de ces murs sévères et de ces soupiraux fermés par de gros barreaux de fer qui font penser aux oubliettes, à Henri VIII, à Élisabeth, à Cromwell, et donnent le frisson. A côté du grand cloître, on peut se hasarder à venir jusqu'au petit cloître bordé des quatre côtés par les maisons des chanoines de Westminster, jolies habitations proprettes, aux fenêtres fleuries. Les noms sont sur les portes : voici le révérend Flood Jones, voici le très révérend doyen Stanley, mort récemment. Ces entrées sont munies de deux sonnettes, une pour les visiteurs, l'autre pour les fournisseurs; la destination est écrite sur une plaque brillante, et il y a aussi une boîte pour les lettres et les cartes. On reconnaît ici le grand seigneur à tout ce confortable, à cette décence bien entendue; le doyen Stanley, du reste, a trois mille livres sterling par an.

Mon compagnon et moi, nous aimons le militaire, et nous voulons passer par *Whitehall* pour voir la parade du matin. Nous longeons rapidement la façade du palais parlementaire; les cours de justice suprême, la Chancellerie, le Banc de la reine et l'Échiquier sont aussi installés dans ce palais, et nous en voyons sortir les avocats (*solicitors*) et les huissiers en toge et en perruque poudrée à frimas. Nous sommes dans Whitehall; mais c'est en vain que l'on y chercherait l'endroit du vieux palais royal et l'emplacement de l'échafaud de Charles Ier : tout cela a disparu. Par contre, admirons ces magnifiques soldats en cuirasse éclatante et en habits blancs; deux d'entre eux montent la garde à cheval devant un petit palais, les autres sortent pour la parade; la trompette porte, suspendue à son instrument, une bannière brodée d'or aux armes d'Angleterre. Leur uniforme à tous est richissime. Ce sont les *horse-guards*, ou gardes à cheval, et ce palais est l'hôtel du commandant en chef de l'armée anglaise.

A côté se trouve l'Amirauté; un passage tout proche amène au parc et au palais de Saint-James. Ce sont les grenadiers rouges à bonnet à poil qui font la parade ici tous les jours, à onze heures. Leur musique excellente attire la foule; le coup d'œil est pittoresque, et ce tableau très mouvementé et très coloré a été fixé sur la toile par un de nos peintres militaires, comme aussi celui de la garde écossaise défilant à travers Hyde-Park, après l'exercice du matin.

IX

CHOSES ANGLAISES

Nous n'oublierons pas de longtemps la course que nous fîmes à travers Londres pour gagner *Euston-Station*. Cette ville est immense : elle a trois millions deux cent cinquante mille habitants, et quand on pense que tout ce monde doit trouver à s'y loger, que les parcs et les jardins s'y succèdent à la file sans grande interruption en occupant des espaces considérables, que les maisons n'ont guère plus de deux ou trois étages, on se figure aisément ce que c'est. Pas de gais magasins comme chez nous, point d'étalages brillants et pompeux, si ce n'est peut-être dans quelques endroits, comme le Strand ou Regent's street. Il y a des quartiers d'une grandeur démesurée, où l'on ne rencontre absolument que des rangées de maisons interminables, en briques rouges ou brunies, sans volets ni persiennes, sans sculptures, propres, les vitres étincelantes comme étincelle une belle plaque de marbre noir poli et neuf, — la comparaison est vraie, — des corbeilles ou des caisses de fleurs à l'extérieur, dans l'embrasure des fenêtres séparées de la rue par un fossé, une grille ou un carré de verdure; de temps en temps un square plein d'arbres, hauts, grands, d'un vert superbe : voilà Londres, le Londres bourgeois entre Regent's-Park, Euston-Station et Charing-Cross, où nous demeurons.

Euston-Station est la grande gare du chemin de fer du Nord-Ouest (*London North-Western Railway*). Nous avions affaire à un des agents principaux, et nous étions bien aises de nous rendre compte de ce que peut être un chemin de fer anglais. Nos vœux furent comblés; on nous donna un employé qui dut nous accompagner dans toute la gare, nous faire visiter tous les services et nous expliquer une foule de choses intéressantes. Je ne souffrirai plus désormais qu'on traite les Anglais de figures de bois, de barres de fer, et qu'on fasse à leur endroit d'autres comparaisons tout aussi peu flatteuses; nos voisins nous valent sous bien des rapports, et sous celui de la politesse et de l'obligeance je ne sais pas si l'avantage ne serait pas un peu de leur côté. Ils ont surtout deux qualités précieuses : c'est d'abord de ne point s'occuper de leur voisin, d'une façon générale, et s'ils sont obligés de s'en occuper, de le faire avec une grâce et une courtoisie sans pareilles. On le verra mieux encore par la suite de mon récit.

Ce fut donc tout un voyage à travers la gare. Les salles du conseil d'administration et de la direction décorées avec un luxe sobre et riche tout à la fois, les bureaux installés au grand et au large, avec toutes les aisances et les commodités possibles, les vestibules et les *halls* d'attente pour le public, tout fut passé en revue. On nous montra les wagons; les troisièmes valent mieux que les secondes françaises sans contredit; leurs banquettes sont rembourrées et couvertes de reps brun rayé; les stores sont de même couleur à cause de la poussière, très solides, élégants même par le dessin; nous vîmes les wagons-salons avec lits, lavabos, etc., — c'est le dernier mot du confortable, — les wagons de famille, les wagons-poste avec leurs filets tendus à l'extérieur pour recevoir les dépêches en courant. Un train qui partait pour l'Écosse le soir même en contenait trois de cette sorte, réunis entre eux par un passage en gros cuir, en forme de soufflet.

Nous visitâmes aussi la chambre à signaux, qui réunit tous les disques et aiguilles au moyen de ses quarante-six leviers et fonctionne d'après le *block system*. Deux mécaniciens étaient occupés à diriger les trains sans nombre qui entraient et sortaient de la gare; à chaque instant ils donnaient ou recevaient un signal télégraphique et changeaient la position des aiguilles. On frémit en pensant à la responsabilité qui incombe à ces hommes et aux affreux résultats qu'une erreur même légère pourrait occasionner. En sortant de la gare, nous croisâmes le train qui partait pour Holyhead et Dublin.

Et maintenant, pour changer, la verdure après la poussière et le charbon : à Hyde-Park Corner ! L'aristocratie anglaise va défiler sous nos yeux; d'un côté les voitures de la noblesse aux larges armoiries coloriées, aux laquais galonnés et poudrés à outrance; de l'autre des nuées de cavaliers, des familles entières à cheval; les piétons vont s'asseoir entre les deux allées et regardent. Il ne faut pas manquer ce spectacle quand on vient ici; il vaut la peine d'être vu, même plusieurs fois, quoique les toilettes soient un peu tapageuses et souvent mal portées.

Je conseillerai aussi d'aller chez Tusseaud jeter un coup d'œil sur les figures de cire qui représentent dans la perfection une foule de personnages célèbres, voire même Alexandre II de Russie après l'attentat, et Louis XVI de France après la guillotine; mais qu'on n'y retourne pas, une première visite suffit.

En revenant du musée de cire, vers onze heures du soir, je me demandais ce que pouvaient bien signifier de grandes machines en bois que nous voyions abandonnées à tous les coins de rues, vers Oxford street; un examen plus attentif nous convainquit bientôt que nous avions devant nous des échelles à incendies; ce sont des tiroirs sortant les uns des autres comme une lunette; le tout est monté sur un chariot, et cela remplace très bien, au milieu du sinistre, les escaliers brûlants et vaut mieux que le fameux sauveteur à spirale. Peuple éminemment pratique! et je n'ai pas dit qu'on trouve des extincteurs partout, dans les gares, dans les hôtels; j'en ai vu un dans une des nefs de l'abbaye de Westminster. Quand donc nous donnera-t-on à Paris au moins les échelles à incendies?

On sort des théâtres; ces braves gens paraissent enchantés des niches des clowns qu'ils ont vues et qui sont ici le passe-temps habituel. Les *bar rooms* s'emplissent, mais les dames n'y entrent pas après huit heures du soir; quelques-unes devant nous tentent de forcer la consigne; un gardien à casquette galonnée les expulse sans pitié.

Nous avons pris une idée très suffisante de Londres, et nous songeons déjà au départ; il y aurait encore beaucoup à voir pourtant. Par exemple le Regent's-Park, qui est une promenade très agréable; le musée de *South-Kensington*, vaste bazar fondé avec l'excédent des recettes de la grande exposition, où l'on trouve, il est vrai, peu de choses originales, mais où la peinture est bien représentée par les cartons de Raphaël et l'école anglaise; il faudrait voir encore la *Galerie nationale*, et peut-être aussi *Crystal Palace*, dont la réputation est exagérée et qui n'est guère qu'une collection de plâtras et de copies sans goût ; malheureusement les heures d'ouverture ne concordent pas toujours avec nos moments de liberté. Si enfin nous avions été le dimanche à Londres, nous eussions certainement poussé jusqu'à *Hampton-Court*, *Richmond* et *Kew*, pour y admirer les jardins, le château et ses galeries de portraits qui représentent les belles dames d'il y a cinq cents ans.

Bien entendu, j'ai voulu visiter le *British-Museum*. L'obligeance des gardiens est extrême ; ils vous pilotent admirablement. Belle bibliothèque ; la salle est une rotonde, elle a coûté trois millions ; les cases sont séparées ; on peut travailler sans être vu par le voisin, ce qui est commode ; les étrangers ont la faculté d'examiner l'ensemble à travers une glace sans tain, depuis le vestibule.

Nous avons visité la salle de la Vénus pudique, la salle Elgin et la frise du Parthénon, et je n'ai pu m'empêcher de penser que les Anglais avaient dû autrefois et doivent encore maintenant faire le vœu de prendre tout ce qui leur tomberait sous la main, quand ils abordent aux rivages d'Égypte ou de Syrie, pour l'envoyer ici ; bientôt le Serapeum y sera tout entier, et l'île de Philé, et Ninive, et Korsabad. Le musée d'histoire naturelle est très beau, et j'ai beaucoup admiré la façade large et noble de l'édifice qui contient toutes ces richesses scientifiques de l'Angleterre.

Avez-vous des lettres de recommandation pour quelques personnes en venant ici ? Usez-en, vous ne vous en repentirez pas. Une fois que vous aurez été présenté à un Anglais par quelqu'un de sa connaissance, vous deviendrez son hôte ; il sera, je le répète, admirable de politesse et de courtoisie. Je n'étais pas à Londres depuis trois jours, que j'avais reçu plusieurs lettres de gens du monde, appartenant même à la haute aristocratie (*high life*), et qui me priaient, soit à dîner, soit à *luncher*, vers les deux heures après midi. Écriture large, régulière, masculine, même quand les femmes écrivent. Leur beau papier à lettres porte toujours, imprimé en haut, le nom du quartier que l'on habite, la rue et le numéro; leurs cartes, de forme carrée quelquefois, donnent la même indication, et celle du jour et de l'heure où l'on reçoit : *at home Saturdays from 4 to 7*; gens pratiques, encore une fois, autant que bons, intelligents et distingués.

Gaiety-Restaurant.

Dans les visites que je fis, j'eus mille occasions de le constater. Je fus reçu dans une maison par deux jeunes filles, la mère étant absente : les coutumes anglaises tolèrent plus que chez nous; mais si les mœurs sont plus libérales, c'est sans doute que le caractère est bien plus sérieux. L'une des deux jeunes filles aborda plusieurs sujets et fit preuve des connaissances les plus étendues et d'un profond jugement. Deux ou trois choses me frappèrent dans cette conversation : « Pourquoi donc les Français ne sortent-ils pas de chez eux?... — La France se laisse souvent gouverner par des Italiens... — J'aime la France, j'y retournerai bientôt, et je veux bâtir à C*** un château pour moi toute seule... » On voit comment on peut nous juger au point de vue de nos goûts politiques et casaniers; on peut y voir encore combien nos voisins aiment notre pays et comme il leur coûte peu d'y bâtir des châteaux pour y vivre tout à leur aise; ce dont je suis loin de me plaindre. Pendant ce temps-là je prenais le thé, tout en regardant parfois la douce figure de la plus jeune sœur occupée à quelque travail de tapisserie, et les doigts de l'aînée tout maculés de taches et de couleurs à peindre : la grande dame n'empêche pas la travailleuse. Et par la large fenêtre du salon j'apercevais le somptueux hôtel du duc de B***, qui a quinze châteaux, et je voyais au loin la Tamise sillonnée par les *steam-boats* et les trains de chemins de fer passant sur les ponts avec un grand fracas de ferraille, de sifflements et de vapeur.

Dans une autre maison, même accueil hospitalier et cordial; je suis reçu par deux dames plus âgées. Il y a je ne sais quoi d'antique et de noble dans leur salon et leur personne; elles sont coiffées à la Marie-Antoinette; elles ont pourtant toutes les grâces de la jeunesse, un ton de voix harmonieux; elles parlent le français admirablement. Conversation politico-religieuse. «*Mister* Gladstone est un homme supérieur; il n'est pas malade comme on le prétend et comme on voudrait qu'il le fût... — Le prince de Galles est le fils de la reine, c'est bien; mais ça ne l'empêche pas d'avoir eu un père allemand, et il parle anglais avec un accent; il sait même mieux les langues étrangères que la sienne propre... — Il n'y a pas beaucoup d'hommes dans les églises de France; c'est le contraire en Angleterre, où il y a aussi de nombreux catholiques et même de vieilles familles qui ont conservé la foi catholique, sans parler des conversions... — Les Écossais sont très religieux, même un peu bigots, et la bonne reine a pu un jour scandaliser ses bons sujets en voyageant le dimanche sur un lac des Highlands. »

Tout cela est dit d'une façon vive, gaie, enjouée presque ; le petit accent étranger est charmant dans la bouche des femmes. Les Anglais ne sont chez eux ni timides ni gourmés et ils ne laissent pas que d'inspirer le respect. Trois choses peuvent inspirer le respect : le caractère, l'intelligence, la richesse. Or nous sommes en face d'hommes qui travaillent, qui sont tout entiers à leurs affaires et ne parlent jamais inutilement ; ils ont souffert parfois, c'était en silence. Ainsi ils méritent le titre de *gentlemen* autant par le cœur que par l'éducation. N'allez pas chercher le cœur à l'extérieur, ils ne le gaspillent pas à tout venant ; les relations de famille ont même en apparence une certaine raideur ; mais leur idéal, c'est le *home,* c'est la famille, le mariage, une femme douce et tranquille, quatre ou cinq enfants, autant de domestiques, 30,000 francs à dépenser par an. Ils ne paraissent pas sentimentals, et chacun a en soi un coin fermé, réservé, intime, inaccessible, qui l'attendrit et le fait rêver. Tels sont les Anglais.

Ils sont riches ; je ne parle pas des grandes fortunes qu'on ne trouve qu'ici : des cent cinquante propriétaires qui possèdent à eux seuls la moitié du sol anglais, de ce lord qui a deux millions de revenus, de l'archevêque d'York qui touche 375,000 francs dans une année, et de Tennyson, qui gagne avec sa plume 150,000 francs dans le même temps ; je parle du train de vie bourgeois ordinaire. Ils travaillent beaucoup, ils gagnent beaucoup, ils dépensent beaucoup et ne gardent presque rien, ce qui est un trait du caractère anglais. Leur luxe, ce sont les domestiques, les voitures, les chevaux, les objets d'art, les tableaux, les livres, les voyages, les maisons de campagne. Pour jouir de ces avantages, ils travailleront dur et les obtiendront ; quand il les auront obtenus, ils aimeront à dépenser, prendront des fonctions administratives, municipales, et chercheront à faire le bien autour d'eux. Quoi de plus beau ?

Pas d'inaction ni d'oisiveté, le *spleen* est moins commun qu'on ne pense chez les Anglais. Ils ont une intelligence qu'ils savent occuper; je n'en veux donner pour exemple que ce que font les femmes : elles lisent, et M. Taine nous dit qu'un seul cabinet de lecture achète pour 150,000 francs de livres dans une année; les femmes prennent des notes; plusieurs sont *authoresses* et ont beaucoup de talent; elles aiment à voyager, à aller au loin, à Jérusalem, en Égypte; leurs devoirs de famille comme leurs goûts et leurs inclinations les poussent souvent jusque dans l'Afrique centrale, au Canada, aux Indes, en Chine, en Australie. L'une d'elles, une grande dame protestante, m'écrivait : « J'ai lu *the Travels of Huc and Gabet*, qui étaient tous deux des missionnaires catholiques; c'est un livre qui a eu un grand succès en Angleterre, et tous mes compatriotes sont passionnés pour les livres de voyages, beaucoup plus que vous autres, Français. » Et en parlant de son pays, voyez ce que disent sa raison et son cœur : « Je suis charmée que vous ayez tant aimé notre pays; je crois qu'il y a beaucoup à admirer dans notre peuple : un grand amour de la vérité dans toutes les classes, un profond amour de la liberté. Il y a parmi nous beaucoup de vrais sages; on dit que le vrai sage couvre de la main gauche les plaies de son cœur et lutte avec la droite contre les difficultés de la vie. » N'est-ce pas curieux de voir cette tendance aux idées sérieuses et philosophiques dans toutes leurs paroles et leurs réflexions? quoiqu'il s'y glisse bien, j'imagine, quelque pensée mélancolique qui les reporte vers les soucis et les combats de la vie, mais leur fait goûter plus délicieusement les charmes et la tranquillité du foyer domestique. Nos belles mondaines et nos élégantes Parisiennes auraient probablement beaucoup à apprendre à cette école, elles qui ne savent guère causer que toilette et chiffons!

Les institutions sont fort libérales en ce pays, et elles ont réagi sur les idées et le caractère dont l'indépendance se montre d'un homme à un autre homme, d'une ville à une autre ville; chacun fait ce qui lui plaît, ne se fiant qu'à sa propre expérience. Dans le peu de temps que j'ai vécu avec eux, j'ai pu faire mille observations instructives, intéressantes, et contrôler celles qui m'avaient frappé déjà quand j'habitais leurs colonies et vivais dans leur société; car ils transportent partout la vieille Angleterre en ce qui constitue les mœurs, les traditions, les usages. Il fait bon vivre dans un pareil milieu, on y respire librement, on ne se sent pas gêné du tout, tant on est bien à l'aise. Aussi entend-on avec plaisir un langage comme celui-ci : « Notre pays vous a plu, revenez. Il vous reste encore bien à voir. Nous serons heureux de vous faciliter toutes choses, en ce qui dépendra de nous. »

Le dernier soir avant notre départ de Londres, nous nous promenions dans la belle allée qui s'étend devant Buckingham Palace (*the Mall*), quand nous vîmes venir à nous, sur la chaussée, un grand et beau cortège : c'était le prince de Galles qui sortait du joli palais de Saint-James, tout proche, et qui se rendait à la réception de la reine, pour l'anniversaire de son couronnement. Les voitures passèrent à toute vitesse avec les uniformes surchargés d'or, les valets poudrés en culotte courte, les cochers en habit rouge et en tricorne galonnés; les horse-guards au casque à la longue crinière blanche enveloppaient le cortège, et l'un d'eux venait à l'arrière, seul, portant à la main la hache d'armes du *Lochaber*. En ce moment un gentleman, qui ne pouvait contenir son émotion et qui regardait les splendeurs du ciel avec bien plus d'intérêt que celles d'ici-bas, vint me frapper sur l'épaule, et, me montrant dans le firmament un point lumineux : *The comet!!!* s'écria-t-il. Et voilà de quelle façon souvent les choses les plus sérieuses et les plus empoignantes se terminent par un éclat de rire.

X

ÉDIMBOURG

Étendus nonchalamment sur les coussins d'un wagon-salon, nous filons à toute vapeur vers le nord de l'Angleterre. Ces wagons-salons sont, — je l'ai dit, — le dernier mot du confortable; le billet simple de première classe y donne droit, et on a ainsi le plaisir de voyager sur un long parcours sans inconvénient, presque sans fatigue. Cinq places, dont deux séparées complètement; devant les fauteuils, deux tables et un système de rideaux longs qui permettent de s'isoler tout à fait; un cabinet de toilette très commode à l'extrémité du compartiment, et une glace unique qui règne dans toute la largeur, et forme le cadre d'un ravissant tableau, qui change à tout moment avec les nouveaux aspects du paysage. A l'extérieur, les armes de la compagnie du Nord-Ouest sont peintes sur la portière; il semble qu'on voyage dans une voiture royale ou princière.

C'est la campagne de Londres, c'est Londres encore, car, à l'inverse de Paris, d'ignobles faubourgs n'entourent pas comme d'une ceinture la capitale anglaise; pauvres et riches habitent le centre de la ville; grandes artères et *lanes* sordides s'y entre-croisent, et à mesure qu'on se rapproche des extrémités, au lieu de voir les habitations aller s'enlaidissant, on leur trouve au contraire quelque chose de coquet et d'élégant, qui sent déjà la maison de campagne du riche négociant; les cottages de plaisance s'alignent à perte de vue par rangées de dix, vingt et trente, puis les files de maisonnettes, en briques rouges, propres et bien entretenues, recommencent encore, jusqu'à ce qu'on ne voie plus enfin que le vert des champs.

Des collines coupées de haies, des arbres isolés çà et là, de nombreuses clôtures, des bestiaux parqués, moutons et vaches qui broutent sans cesse, et encore des groupes d'arbres, des maisons rouges et des clochers bleus qui tranchent sur l'éternel vert. « On sent la fraîcheur et la paix de la végétation infinie, comme dit Taine; de l'air, du ciel et des choses se dégage une sorte de quiétude affectueuse. » C'est la nature qui convient à l'Anglais robuste et travailleur, qui, fatigué après le labeur, veut se reposer et rêver tout son soûl.

Ce paysage est un peu uniforme; pourtant on l'aime, il repose vraiment; mais il dure jusqu'au bout sans qu'on y voie pour ainsi dire un être humain. Aucune grande ville sur le trajet du rapide; elles sont toutes à quelque distance de la ligne directe d'Édimbourg; et c'est ainsi que nous passons tout près de *Birmingham, Manchester, Liverpool,* sans même les apercevoir.

Déjeuner à *Preston ;* on déjeune vite et bien. — *Lancastre* et *Kendal,* dans le Westmoreland; ici, charmant coup d'œil sur la mer depuis le chemin de fer; on arrive à la ville par un plan doucement incliné; montagnes à l'horizon. Le Westmoreland et le Cumberland sont le pays des lacs, et c'est grand dommage que nous ne puissions nous arrêter un moment là, où il y a à voir une jolie nature; mais voici *Carlisle :* on s'arrête dix minutes, et le train reprend sa course de plus belle, pour arriver un peu avant la nuit à *Édimbourg,* qui s'écrit et se prononce en écossais *Edinboro:*

Le plus beau décor de l'Opéra ou du Châtelet est mille fois au-dessous de ce que nous voyons en sortant du train et de la gare. Sur trois ou quatre collines parallèles s'élève la plus belle ville du monde entier. Grâce précisément à cette configuration accidentée, entre les deux principales collines s'étend un vallon plein d'arbres et de verdure, qui sépare la vieille ville de la nouvelle. Il y a une série de points de vue admirables, et sur les pentes le château, l'université, la prison, les églises, du haut en bas, sortent et se détachent vigoureusement, pendant que les têtes des arbres atteignent ou dépassent le bord des trottoirs. Nous sommes stupéfaits d'étonnement et d'admiration.

Mais nous sommes en Écosse; il fait froid, le temps est incertain, on n'a pas su aujourd'hui s'il devait faire du soleil, pleuvoir ou venter; c'était un peu de tout; je suis donc transi en plein mois de juin, et je ne serai content que lorsque j'aurai entre les mains le tisonnier, cet instrument de fer avec lequel on attise le feu de charbon, et qui fait partie indispensable de toute cheminée anglaise. Entrons donc vite là, tout près, dans le superbe hôtel de *Caledonian-Hotel;* il est merveilleusement situé en face du vieux castel qui s'élève de l'autre côté de la vallée, haut et fier comme un donjon féodal et royal. Quel rêve! est-il vrai que je sois à Édimbourg?

Nous avons dîné à table d'hôte, en face du *clergyman* qui nous avait montré à Westminster le tombeau de Livingstone. Ils se transportent d'un bout à l'autre du Royaume-Uni, ces bons pasteurs, vêtus de leur redingote à collet droit, avec ou sans barbe, avec ou sans femme; on en voit des quantités infinies, fort respectés du reste, et les prospectus des hôtels ne manquent pas de dire : « Ces hôtels sont très fréquentés par le clergé britannique et colonial, les membres du parlement et des sociétés savantes, les officiers de terre et de mer, les familles américaines ou indiennes, etc. etc. » Le clergyman a donc le premier rang; quand il est avec une femme, souvent il occupe le second; j'ai vu une fois dans une gare une élégante jeune fille qui menait son vénérable pasteur de père tambour battant.

On nous avait octroyé, sur notre demande, des chambres qui donnaient sur le devant, au-dessus de *Princess' street*, bien en face du vieux château, où un régiment de soldats *highlanders* tient garnison. Le soir les cornemuses sonnèrent la retraite; les airs d'une musique sauvage et guerrière descendaient un peu dans la vallée pour remonter jusqu'à nous, et longtemps, longtemps, je restai à mon balcon décoré aux angles d'aigles de bronze, en pensant que ma famille et mes amis voudraient bien se trouver comme moi à cette fête des yeux et des oreilles. Comme il me semblait être à mille lieues de ma patrie!

Le lendemain de notre arrivée est un dimanche, *it is sunday!* Rien ne va plus, tout s'arrête : les omnibus, les tramways, la poste, le chemin de fer; les boutiques sont fermées, les boulangers ne cuisent pas; les églises regorgent de monde. Entre les offices, dans le grand silence de la ville, les bourgeois se promènent et l'ouvrier boit. On m'a dit que la fête commençait le samedi vers deux heures après midi; on commence déjà à ramasser des gens ivres sur le trottoir.

Le propriétaire de l'hôtel est catholique; il nous emmène à l'église des jésuites pour entendre la messe, église située au delà du parc et du château, très simple, assistance nombreuse, mais populaire. Les catholiques ne sont pas riches ici; notre guide nous dit qu'ils atteignent le chiffre respectable de trente mille; or il y a deux cent mille habitants à Édimbourg, trois églises catholiques, un évêque.

Après avoir fait nos dévotions nous allons voir la ville. Longeant Princess' street, nous arrivons devant le *monument* de *Walter Scott*, gothique, très élevé, ayant coûté des sommes énormes, quinze mille livres sterling, dit-on. Les Écossais ne pouvaient faire trop grand pour leur grand romancier. Sa statue, assise sous le monument, nous le montre tel qu'il était dans sa chère résidence d'Abbotsford sur la Twed; le front ouvert, le nez long, le sourire fin, la physionomie expressive. Un de ses ouvrages, quand il paraissait, devenait un événement européen; c'était plein de vigueur, de fécondité, d'intérêt, de vérité, d'enjouement sans pareil; son goût était pur, sa morale austère. Nous avons gardé un sentiment de reconnaissance à l'égard d'un écrivain possédant de telles qualités, dont les ouvrages ont bercé notre enfance, réjoui notre jeunesse, et que nous avons pu mettre entre les mains de nos jeunes femmes et de nos jeunes filles.

Au milieu des jardins de Princess' street, et s'élevant un peu sur une hauteur, deux jolis édifices grecs, l'*Institut royal* et la *Galerie nationale*, qui servent de musée d'antiquités et de peinture. Nous traversons la vallée sur le pont de *Waverley*, et nous gagnons la vieille ville. Le bas de *Coksburne street* est une des choses les plus merveilleuses qu'on puisse voir.

La rue, au sortir du pont, est escarpée, tournante; elle escalade la colline, bordée de maisons gothiques d'une originalité surprenante, d'un cachet admirable, toutes construites au XVIIe siècle, et qui donnent l'illusion du moyen âge mêlé au genre moderne. En effet, les pignons pointus qui surplombent la chaussée, les tourelles rondes ou carrées, à toit aigu, qui flanquent la plupart des maisons, les fenêtres étroites et grillées, les escaliers de pierre et les ruelles qui tombent sur le trottoir sont d'une autre époque; mais les maisons à dix étages que voilà derrière nous rappellent les habitations de nos grandes villes d'aujourd'hui.

En poursuivant toujours on arrive à *High street*, *Canongate*, et on trouve la cathédrale *Saint-Gilles;* la foule des fidèles presbytériens arrivait pour le service de dix heures; c'est alors que je déclarai net à mon compagnon que mon plus grand désir était d'entrer là pour voir; on lui refusa l'entrée à lui, sous prétexte qu'il n'était pas clergyman; il s'en alla donc consolé à moitié, car il avait vu la veille au soir une procession de francs-maçons, descendant du train, musique en tête, avec les insignes, tabliers blancs, mains de justice, étendards carrés et triangulaires, etc. Pour moi, à qui les ouvreuses de la porte, — je ne puis donner d'autre nom à ces gardiennes, —

avaient permis l'accès du temple, je fus conduit à un banc en face de la chaire à prêcher. Le service commença par une lecture de la Bible, faite en chaire par un ministre en toge noire et sans surplis, ce qui est le signe distinctif des anglicans et des presbytériens d'Écosse; l'assistance nombreuse, composée de gens aisés, groupés par famille dans des bancs numérotés, se mit à genoux pour la prière, puis se tint debout pour le chant d'un cantique pris dans le *Scottish Hymnal;* un orgue à tuyaux blanchis accompagnait les voies douces, pieuses, expressives, à l'accent sincère, autant qu'il m'a semblé, quoique cette piété-là me parût un peu trop conventionnelle et réglementée.

Quand les bedeaux à collets rouges eurent placé tout leur monde et fait asseoir quelques dignitaires sur une estrade réservée où se trouvaient de grands fauteuils, et après un solo de femme très joliment exécuté, le ministre commença son sermon. Il avait une figure imposante, la barbe puritaine, une voix grave, le geste noble et correct; on l'écoutait attentivement, et pour beaucoup j'eusse voulu comprendre ce discours, dont je n'entendais que des fragments très incomplets.

Mon désir paraîtra bien explicable quand on saura qu'en fait de sermon presbytérien je ne connaissais guère que ceux que le digne baronnet Walter Scott met sur les lèvres du révérend Gabriel Kettledrummle, ou du confesseur de la foi Ephraïm Macbriar. Le premier prêcha un jour pendant deux heures sans perdre haleine, et son discours était divisé en quinze parties, dont chacune contenait sept points d'application, deux de consolation, deux de terreur, deux déclarant les causes d'apostasie et de courroux, et le dernier annonçant la délivrance promise et attendue par les covenantaires. Le second possédait une éloquence rare et austère; mais le langage des Écritures donnait à ses exhortations « une teinte riche et solennelle, semblable à celle que revêtent les rayons du soleil lorsqu'ils traversent les riches vitraux d'une antique ca-

thédrale, ornés de l'histoire des saints et des martyrs. »
(*Les Puritains.*)

La vieille Mause, leur plus fervente adepte, l'emportait encore sur les révérends, quand elle s'en mêlait et qu'elle tonnait contre le papisme, l'épiscopat, l'antinomianisme, l'érastianisme, le rélapsarianisme, le sublapsarianisme, le noir tolérantisme, qui a servi de pierre d'achoppement aux docteurs, et enfin tous les péchés, vices et pièges du siècle : « Vous êtes de méchants prélatistes, disait-elle à ses adversaires, des Philistins, des Édomites, des léopards, des renards, des loups de nuit, des chiens enragés, qui rôdent autour des élus, d'horribles bêtes à cornes, d'audacieux taureaux de Bazan, de subtils serpents alliés avec le grand dragon rouge de l'Apocalypse (chap. xii, vers. 3 et 4). Malheur aux complaisants qui livrent le Mammon de l'iniquité aux fils de Bélial ! C'est le crime que fit Mahaham en présence du Seigneur, lorsqu'il donna mille talents à Pul, roi d'Assyrie, comme le rapporte le second livre des Rois (chap. xv, vers. 19); c'est la coupable action d'Achab, lorsqu'il envoya de l'argent à Teglat-Phalazar. Voyez le même livre, chap. xvi, vers. 14 et 15. » (*Les Puritains.*)

Le baronnet-écrivain nous a tous bien amusés aux dépens des puritains et des covenantaires; bien que quelque part il donne des éloges au courage dévoué de cette poignée de paysans qui, sans chefs, sans argent et sans magasins, sans plan arrêté, conduits seulement par leur zèle sincère et par leur haine de l'oppression, osèrent faire une guerre ouverte à un gouvernement établi, que soutenaient une armée régulière et toute la force de trois royaumes.

C'est ce zèle et c'est cette haine de l'oppression qui ont fondé le presbytérianisme; c'est Robert Bruce, c'est Jean Knox, c'est la bataille de Bothwell, c'est le *covenant*, la grande alliance des saints pour défendre leurs droits contre les grands et contre Rome; ce sont les luttes sanglantes de l'indépendance et les guerres de la religion qui ont fait l'Écossais ce qu'il est, qui lui ont conservé un caractère et

une croyance à part; il est plus civilisé à cette heure; mais toujours un peu *tête ronde*, et le chardon de son écusson fleurit encore dans toute sa gloire avec son immortelle devise : *Nemo me impune lacesset*.

On sait que l'Église d'Écosse a une organisation toute républicaine. Le culte presbytérien n'admet pas précisément, comme le culte anglican, de hiérarchie ni de chefs; l'autorité, ou plutôt l'administration, est dévolue à des assemblées de ministres et de laïques nommés *anciens*. La paroisse est gouvernée par un pasteur, qui a un conseil composé d'anciens, lequel administre les fonds, surveille les mœurs, juge, punit et excommunie même. Les conseils supérieurs sont le conseil cantonal, appelé *presbytère*, composé des pasteurs du canton et des plus anciens des paroisses; un ministre appelé *modérateur* le préside, puis vient le synode provincial, composé de membres élus par les presbytères, et enfin au-dessus de tout la haute cour ecclésiastique ou assemblée générale, dont le lieu de réunion est à Édimbourg, aux pieds du château. Cette assemblée, composée de trois cent soixante et un délégués, se réunit une fois par an, fait les lois, juge en dernier ressort et approuve les nominations de pasteurs, faites par les grands propriétaires privilégiés, ou les conseils municipaux, ou la couronne, qui sont appelés patrons. Ce droit est attaché aux terres possédées autrefois par les évêques catholiques romains ou les monastères.

En 1843, quelques rigides et farouches presbytériens prétendirent que la nomination du ministre par le patron était contraire à la loi de Dieu, comme le prétendait déjà le sévère Davie Deans, un des héros de Walter Scott, et ils firent scission; l'Église libre d'Écosse (*Free Church of Scotland*) était fondée; en quelques années elle devint l'égale de l'Église établie, elle a maintenant 400,000 adeptes, 330,000 livres sterling de revenu, 700 écoles, et des églises magnifiques à Édimbourg et dans tout le pays.

La religion, la justice et l'instruction publique, voilà ce

que les Anglais libéraux ont laissé à la région conquise. L'Écosse a ses trois hautes cours de justice : la cour des sessions, la cour criminelle suprême et celle de l'Échiquier ; au-dessous viennent les juges de paix et les schériffs des villes et villages. Il y a en tout en Écosse cinq milles écoles primaires et quatre universités : Édimbourg, Glasgow, Aberdeen, Saint-Andrews.

J'aimais à me promener à travers les allées et les gazons des jardins de Princess' street ; autrefois cet endroit s'appelait le *Loch-North*, ou Lac du Nord, mais il est desséché depuis longtemps, et maintenant les vieux arbres, les tapis verts en pente, les marguerites et les boutons d'or, les azalées, les glycines et les touffes de rhododendrons roses et violets, en font un Éden charmant. Chose curieuse, je remarquai en passant, le dimanche, que les gens qui s'assoient sur le gazon ne se réunissent pas en groupe pour causer et rire, comme nous le ferions nous ; même dans cette action si simple, qui consiste à s'étendre sur l'herbe pour s'y reposer, ils s'arrangent un petit réduit intérieur, un *home :* ils veulent être chez eux.

Le site de la capitale écossaise ressemble à celui d'Athènes, on l'a remarqué souvent ; les collines, les vallées, la mer, le port, tout peut servir à établir la similitude. J'allai voir à l'ouest de la ville l'éminence appelée *Calton-Hill*, avec ses monuments : celui de Nelson et le monument national, qui, à l'instar des deux musées, est de style grec ; on a peut-être prodigué le corinthien à Édimbourg ; les jours de soleil, l'effet produit n'est pas ridicule, mais je laisse à penser ce que cela peut être durant les sombres hivers et les automnes pluvieux. La vue est superbe sur le *Firth of Forth;* de là on domine d'un côté la plus belle partie de la ville et des rues, bordées de palais et de maisons princières ; de l'autre s'étend un magnifique bras de mer avec des rochers, des îles, des rivages, et, dans le fond, une chaine de montagnes qui ferme l'horizon.

Quelle admirable prison gothique on trouve au bas de l'éminence où nous nous trouvons! c'est à inspirer le désir d'y entrer pour ne plus en sortir. Quelle différence avec les affreuses constructions qu'on appelle Mazas et la Roquette! Nous allons de Calton-Hill au palais de Holyrood. C'est en traversant le quartier intermédiaire que je vis pour la première fois la pauvreté, la misère dans toute sa laideur. Qu'on imagine tout ce que l'on voudra, cela est dépassé; le spectacle est navrant. D'ignobles ruelles ou d'infectes impasses, qu'on appelle *lanes* et *closes*, ne sont habitées absolument que par une population hâve, déguenillée, hideuse, dégoûtante; les hommes ont le teint plombé; les femmes sont maigres, couvertes de haillons; les filles ont la chevelure ébouriffée, les pieds noirs; les enfants, rongés de maladies de peau, se roulent dans les tas de poussière et la paille pourrie. Ces malheureuses gens n'ont pas même la décence de la pauvreté : ils sont vêtus de guenilles, d'habits, de robes et de chapeaux fanés, usés jusqu'à la corde, portés déjà dix fois par dix autres avant eux; quelle histoire on ferait avec ces nippes, depuis le château ou le boudoir jusqu'au faubourg et à la case malpropre (*lodging house*), où elles viennent échouer! Le *workhouse* ou maison des pauvres est là tout ouvert, tout prêt à recevoir ces misérables; mais en y allant ils vont aliéner leur liberté. Ils restent donc dans la poussière, se plongent dans l'oisiveté et la crapule, boivent tous, hommes et femmes, pour oublier..., et meurent comme des animaux. Tel est le lamentable tableau qu'offrent les bas-fonds de la société anglaise.

Holyrood est devant nous; c'est le château de Marie Stuart, célèbre par sa beauté, ses faiblesses et ses malheurs. Une fontaine, surmontée d'une lanterne, s'élève sur la petite place devant la porte du *castle*, où se trouve un poste de *highlanders*, au tartan rouge et vert, qui montent la garde avec des allures tout à fait martiales. On montre dans le château la chambre et les objets qui ont servi à l'infortunée reine, et nous nous souvenons que ce palais a servi aussi à des rois français, et qu'ils y ont mangé le pain amer de l'exil.

Promenade dans *Queen's street*, parallèle à Princess'-street; autres hôtels somptueux, autres statues, autres jardins; dans l'un nous rencontrons un prédicateur en plein vent; il a une réelle apparence de pieux laïque, et fait une longue énumération de péchés capitaux, qui lui donne chaud et le force à s'éponger souvent le visage; on fait cercle autour de lui; il y a parmi ses auditeurs des gens de toutes classes, hommes et femmes, qui ont vraiment des figures sérieuses et convaincues. Singulières mœurs! singulier pays! A Paris pourtant on accueillerait ce dévot personnage avec des bordées de lazzis et de sifflets.

XII

LA RÉGION DES LACS

Le *Caledonian Railway* met à la disposition des touristes une série de soixante-deux billets circulaires pour parcourir la région des lacs; c'est organisé à l'anglaise, c'est-à-dire pratiquement et méthodiquement; les excursions s'emboîtent les unes dans les autres en se suivant avec un ordre parfait. Nous voulions aller d'Édimbourg à Glasgow, et de là retourner à Carlisle et à Londres. Voici quel était l'itinéraire en prenant le n° 8 *bis* de la série (*Circular tour*, 8 B) : d'Édimbourg à *Callander* en chemin de fer; de Callander aux *Trossachs* en voiture; des Trossachs à *Stronachlacher* en bateau à vapeur; de Stronachlacher à *Inversnaid* en voiture ; de Inversnaid à *Balloch Pier* en bateau à vapeur ; de Balloch Pier à *Glasgow* en chemin de fer. La course prend une bonne journée ; elle est admirable ; les tickets sont valables pour une semaine, et on a la faculté de s'arrêter dans l'un ou l'autre des endroits désignés, si on a le temps.

Pleuvra-t-il? Voilà la question que mon compagnon et moi nous nous faisons en montant de bon matin dans le wagon, à Édimbourg ; c'est une chose capitale ; si le rideau des brouillards tombe du ciel sur les montagnes, adieu tout le plaisir de l'excursion! Les chemins de fer écossais sont moins bien entretenus que les railways anglais, et le matériel est inférieur ; les employés sont introuvables ; nos billets finissent par être valables pour toutes les classes, et on nous pousse dans une première ou une troisième sans grand contrôle, selon les places qui sont libres. Bref, nous arrivons à *Sterling*, bâti au pied du roc dominé par l'antique château, et nous déjeunons frugalement avec des *sandwiches*. Des trains partent ici pour toutes les directions, pour Perth, pour Glasgow, pour Callander ; peu ou point d'indications dans les gares anglaises ou écossaises ; les affiches ne fournissent guère de détails, les explications verbales sont très sommaires, très laconiques, et nous avons bien de la chance de pouvoir trouver notre train, qui nous mène assez vite à Callander.

Il faut se hâter de descendre, se précipiter dans la cour de la station, et faire l'assaut du grand *coach*, qui va nous transporter aux Trossachs. Le *coachman*, ou cocher, est vêtu d'une tunique rouge ; il siège comme un pontife sur le devant de la voiture. C'est un type accompli de morgue et de vanité qui nous amuse beaucoup.

La lourde machine s'ébranle ; nous sommes perchés sur l'impériale (*outside*), parfaitement placés pour bien voir, enveloppés dans nos pardessus et nos couvertures, car il fait froid ; mais il ne pleut pas, il ne peut pas pleuvoir. *Evviva!* *hurrah!* Quel beau pays!

Ce sont bien là les *Highlands*; nous roulons entre le *Ben-Venue* à droite, et le petit lac *Vanachar* à gauche. Le Ben-Venue est aride à son sommet, ses pentes sont couvertes de petits arbustes; le paysage est solitaire, silencieux, mélancolique; c'est la vallée des Trossachs; dans un chemin creux, les branches des arbres viennent nous fouetter le visage; quelques cottages ici et là; une femme sort d'une maison pour venir recevoir un paquet, car notre voiture fait la poste, et lance de temps en temps une lettre dans l'herbe des vergers; la bonne femme a un chapeau phénoménal qui nous met en gaieté; un vieil highlander du pays, qui porte un pardessus en tartan, nous montre du doigt, dans le lointain, le pic du *Ben-Lomond* (972 mètres). Nous longeons un autre petit lac, le *Loch-Achray*, entouré de roches grises et d'épais halliers, qui trempent leurs branches dans l'eau; les bouleaux et les chênes dominent; leur feuillage frémit sous la brise légère; nous respirons à pleins poumons cet air pur et vivifiant de la montagne.

L'hôtel des Trossachs s'élève sur les bords véritablement enchanteurs du lac Achray; il est de style gothique, le seul qui puisse convenir à cette nature pittoresque et s'harmoniser avec tout ce qui l'entoure; le porche du vestibule s'allonge en ogive gracieuse, tout recouvert de lichens et de vigne vierge; deux tourelles à droite et à gauche du corps de logis, et, l'imagination aidant, on peut se croire transporté à quelques centaines d'années en arrière, au temps fortuné des fées et des princesses, des Fergus Mac-Ivor, des Waverley et des Diana Vernon. *Very beautiful!*

Le coach, vingt minutes après, nous dépose devant une galerie de bois, construite au bord d'un autre lac plus féerique encore; la galerie de bois, aux garde-fous grossièrement équarris et au toit de chaume, s'avance un peu dans l'eau en forme d'estacade (*pier*), et un joli bateau, le *Rob-Roy*, tout contre, reçoit tous les voyageurs; c'est un rêve!

Le soleil luit; l'air est tranquille, l'eau calme réfléchit les hautes et sombres montagnes environnantes, couvertes de bruyères; de pierres grisâtres, de buissons nombreux, et voici l'île Ellen, l'île poétique de la Dame du Lac.

Dix milles de long, deux milles de large; au bout l'estacade et l'auberge de Stronachlacher, où l'on débarque pour reprendre la diligence. Vallée sans arbres, sans eaux, sol aride, coupé de tourbières et de marécages; plus loin, quelques pins solitaires surgissent; çà et là de misérables huttes de paysans, bâties en pierres brutes ou en torchis, couvertes de branchages; les femmes qui se tiennent devant ont la figure noire et ressemblent aux sorcières de Macbeth, les enfants sont enveloppés de loques sordides, et courent après la voiture pour avoir quelques *pences*. Ou je me trompe fort, ou voici le torrent qui faillit être le tombeau du bailli Nicol Jarvie, quand il resta suspendu par sa culotte à une touffe d'arbrisseau au-dessus de l'abîme; ces amas de pierres qui affectent la forme pyramidale (*cairns*) sont les tombeaux des vieux chefs gaëls; le lac *Ard* et le *glen d'Aberfoyle* sont un peu plus loin, à gauche; le Ben-Lomond reparaît majestueux et superbe. Nous arrivons à l'hôtel d'Inversnaid, où nous allons *luncher*.

On lunche bien à Inversnaid; mais il n'y faut pas demander de serviettes aux garçons sous peine de provoquer un fou rire parmi les jeunes *misses* qui mangent à vos côtés. Après le déjeuner, visite au torrent, qui se trouve tout à côté de l'hôtel; il tombe en bouillonnant, et avec un fracas épouvantable, d'une hauteur de cinquante pieds environ; les eaux viennent se briser sur les rochers noirâtres et s'éparpillent en poussière liquide; le mugissement de la chute fait trembler le léger pont de bois jeté d'une rive à l'autre, et c'est un agréable spectacle, dont on peut jouir à l'aise en attendant le bateau.

Nous nous embarquons de nouveau, mais cette fois à bord du *Prince-Consort*, non sans avoir jeté un coup d'œil de mépris à je ne sais quel hobereau allemand, qui s'était permis un horrible jeu de mots à notre adresse : « Avez-vous vu la chute? disait-il à un médecin de Bruxelles qui se trouvait à côté de lui. — Non! » répondit laconiquement celui-ci. Un officier prussien, qui voyageait à côté de ce gamin grossier, était au moins mieux élevé, enveloppé tout le temps dans sa longue capote militaire à boutons de métal, il ne dit pas un mot déplacé. Il se trouve en Écosse un Français sur trois ou quatre cents voyageurs, mais les Français sont tout disposés à se faire respecter.

Il y a grande compagnie à bord du *steamboat*, qui vient du fond du lac; celui-ci se rétrécit vers le nord, et nous voyons le bateau sortir d'un long couloir de montagnes avant d'arriver au *pier* d'Inversnaid; il va au contraire s'élargissant dans la direction du sud. Nous filons quinze nœuds à l'heure, et nous croisons le bateau qui va en sens inverse; il a nom *Prince-of-Wales*. L'eau est noire, probablement à cause des tourbières; en effet, le soleil luit toujours et le ciel est d'un bleu vif; des oiseaux aquatiques happent au passage le pain qu'on leur jette. Il y a peu d'habitations sur les bords, mais du milieu des champs de bruyères jaunes, des massifs de chênes, de trembles, de bouleaux, de mélèzes, surgit dans toute sa beauté le pic du Ben-Lomond, qui a trois mille pieds de haut. De nombreuses îles se présentent à nos yeux successivement : Eilad-Whou, Invernglas, Tor, Cro, Clar, etc., et nous entrevoyons quelques châteaux gothiques, résidences de chasse des riches Anglais, et çà et là des ruines de *castles* anciens, où les propriétaires d'alors, vaillants à la guerre et à la chasse, ont dû mener joyeuse vie.

Les monts Grampians d'Écosse ont généralement des sommets coniques et voilés par des nuages sombres; sur leurs flancs arides la foudre a tracé de longs sillons qui descendent jusqu'à la base. La végétation ne commence réellement qu'au tiers de ces immenses cônes, et ce n'est d'abord qu'une végétation de petites bruyères où habitent le ptarmigan, le lièvre blanc et les oiseaux de proie. Au second tiers, la bruyère est plus riche, il s'est formé là une terre végétale qui donne une espèce de pâturage où le montagnard conduit ses troupeaux, des moutons et des bœufs de couleur noire. On y trouve encore des troupeaux de petits chevaux blancs sauvages (*ponies*), et le chasseur y pourra tuer le daim et le chevreuil. Au pied de ces montagnes, les torrents tombent en cascades, alimentant souvent un lac limpide ou arrosant des taillis touffus, et la verdure d'une vallée appelée *glen* ou *strath*, qui peut être ensemencée ou nourrir de nombreux troupeaux.

Nous nous rappelions alors les fameux exploits de Rob-Roy ou Mac-Gregor. Le mot gaëlique *mac* signifie *fils*, et il y a aussi quelque analogie entre ce mot et notre particule nobiliaire ; il sert encore à distinguer un nom des Highlands d'un nom des Lowlands (basses terres).

Si l'on se souvient bien des récits de Walter Scott, et surtout des deux beaux romans de *Rob-Roy* et de *Waverley*, on n'aura pas oublié l'amour de ces montagnards d'Écosse pour leur sol natal, et leur patriotisme, qui se manifestent par deux traits principaux : la piété pour les ancêtres et leur sympathie pour le costume national.

Il est certain que leur piété filiale a toujours été grande ; elle les portait à conserver soigneusement leurs listes de généalogie, et c'est pour cela que nous les voyons si souvent trancher du grand seigneur, et bien que menant une vie assez primitive, champêtre, un peu sauvage même, tenir énormément à leurs titres de noblesse et à leur filiation. Ceci n'est pas particulier aux seuls Écossais, et, sans chercher bien loin, on pourrait trouver quelque chose de semblable dans les montagnes des Pyrénées, parmi les populations basques qui les habitent. Les chefs de clans des Highlanders tenaient donc à honneur de descendre des vieux Gaëls.

Gaël est le nom que les anciens Calédoniens Scots ou Highlanders se donnent eux-mêmes dans leur dialecte, qui est le gaélique. Gaël signifie, dit-on, étranger venu probablement des Gaules, et Celte est un synonyme de Gaël. Un vrai Highlander était toujours un homme de taille moyenne, robuste, ayant le teint brun; il portait en bandoulière ou sur le dos le *plaid*, ou châle fait d'une étoffe de tartan ou tiretaine, qui vint d'abord de France; le *kilt* ou jupon court, tombant au-dessus des genoux, laissait à découvert ses jambes fines et nerveuses; le *philibeg*, sorte de caleçon court porté sous le kilt, ne descendait pas plus bas; ses jambes étaient couvertes de bandes d'étoffe rouge entrelacées, et il portait aux pieds des *brogues* à semelles minces, chaussures en peau de vache avec le poil en dehors. Sa bourse en peau de chèvre (*pouch*) était suspendue à sa ceinture, flanquée de ses armes ordinaires : le *dirk* ou dague, à lame droite d'un pied de long et à manche très simple, et la *claymore* (*claidham*, glaive, *more*, large), large épée, comme son nom l'indique. Ajoutons à cette description que le gentilhomme montagnard portait sur la tête un bonnet ou béret surmonté d'une plume courte, et qu'il tenait à la main droite un long fusil de chasse espagnol, pendant que son petit bouclier ou *targe* de forme ronde était passé sur son épaule. Tous les régiments écossais portent encore à présent ce même costume véritablement original, mais on n'a conservé le kilt que pour la musique, et on a donné aux soldats les *trews* ou pantalons de tartan quadrillé.

Les Highlanders furent toujours vaillants, et leurs traditions de valeur se sont conservées jusqu'aux militaires qui portent leur nom aujourd'hui, et qui ont combattu si brillamment en plusieurs circonstances, notamment en Crimée pendant la guerre d'Orient. Les anciens aimaient à chanter les *pibrocks* et les vieilles légendes en s'accompagnant de la cornemuse, pendant qu'ils buvaient l'*usquebaugh* ou *whisky*, eau-de-vie d'orge fermentée, et qu'ils se livraient à de copieux repas. Un dîner à l'écossaise se composait de *hodge-podge*, potage de mouton aux herbes de montagnes; de *porridge*, bouillie épaisse faite de farine d'avoine non blutée; de *finan hadies*, plat de poissons, et de *cockylecky*, ragoût fait de poulet et de poireaux; on mangeait avec cela des *cakes*, sorte de gâteau de farine d'avoine, qu'on voit encore maintenant sur les tables d'hôtel à Édimbourg; — on nous en fit goûter à Caledonian Hotel. — Mais pour se procurer toutes ces richesses, combien de fois ne devaient-ils pas tourmenter les *lairds* des Lowlands, et lever les contributions noires ou les rentes de pillage (*black mail; blacken piller, mail rente*) sur les grands propriétaires et les seigneurs voisins! il faudrait pouvoir le demander à Rob-Roy, qui s'y entendait mieux que personne. Nous abordons à Balloch Pier, et je ne puis me défendre d'un serrement de cœur en pensant que c'est fini, et qu'il faut rentrer dans la vie moderne et se plier de nouveau à toutes les exigences de la civilisation :

> Beaux lacs aux eaux dormantes,
> Gardez à jamais
> Vos légendes charmantes,
> Beaux lacs écossais.
>
> Si loin de vous, lacs poétiques,
> Que le destin mène nos pas;
> Ravins, rochers, grottes antiques,
> Nos yeux ne vous oublieront pas.
>
> O vision trop tôt finie,
> Vers nous ne peux-tu revenir?
> A toi, vieille Calédonie,
> A toi tout notre souvenir!

XIII

GLASGOW, LIVERPOOL

On met une heure et demie pour arriver à *Glasgow*, en passant par *Dumbarton;* c'est l'endroit d'où Marie Stuart partit de l'Écosse pour venir en France épouser François II et ceindre la couronne royale une seconde fois. — Glasgow, ville de 700,000 habitants, patrie de James Watt, qui y construisit en 1763 la première machine à vapeur. Tout est grand ici, mais tout est bien laid, quoique je m'incline devant la manifestation la plus puissante du génie de l'homme et le noble spectacle du travail.

Ce sont les usines qu'il faut visiter à Glasgow, les ateliers de construction pour les navires, les magasins, les forges, les quais de la Clyde, le port, que l'on a creusé tout entier, le pont, qui a coûté plus de cinquante millions de francs.

La célèbre cathédrale Saint-Mungo est de style gothique *massif* (XIIe-XIIIe siècle). Quelques monuments seraient très beaux; mais, hélas! le brouillard et la fumée des usines ont mis sur leurs murs et dans les cannelures de leurs colonnes grecques une couche horrible de couleur noire; lèpre hideuse qui s'attache aussi aux statues de Walter Scott et de John Moore et à bien d'autres, et en fait d'illustres charbonniers. En sortant de la ville on ne voit plus que marteaux-pilons, laminoirs, cheminées vomissant le feu en plein jour; tout cela travaille et brûle à qui mieux mieux sur le bord de la voie, c'est une prodigieuse activité.

De retour à Carlisle, nous couchons dans le superbe hôtel de la gare ; ces *station-hotels*, que l'on rencontre aux portes du débarcadère et qui ne font qu'un avec lui souvent, sont établis dans presque toutes les villes anglaises un peu importantes. Il faut voir comme tout est installé là dedans ; l'eau, le gaz dans toutes les chambres avec deux ou trois becs, sans préjudice de la bougie, les lavabos, la lingerie, les tapis, les extincteurs en cas d'incendie ; il y a même une galerie de tableaux pour les amateurs enragés qui ont autre chose à faire que de se purifier des immondices et de la poussière accumulées sur eux dans une traversée même rapide à travers les rues de Glasgow. En entrant à l'hôtel on se dirige vers le bureau (*office*), et là on vous remet un ticket ; vous payez absolument comme pour un billet de chemin de fer, selon ce que vous demandez, et tout est dit. Rien d'aussi commode et d'aussi expéditif. Je me figurais être en Amérique, à New-York ou à San-Francisco.

Pour donner une idée de la complaisance des Anglais et de l'ordre qu'ils mettent dans leurs affaires, je raconterai en peu de mots l'histoire de ma canne, de mon bâton de voyage. Je l'avais perdue à Carlisle à l'aller, en changeant de wagon, et j'avais pour la forme fait une déclaration à qui de droit ; on m'avait assuré que je retrouverais mon bien à Édimbourg ; le dimanche, jour de chômage, — *it is Sunday!* — m'empêche de le recevoir ; or je partais d'Édimbourg le lendemain lundi, et j'avais prié qu'on renvoyât à Carlisle ma canne, dans le cas où elle arriverait après mon départ ; ils le firent bénévolement, sans plaintes, sans murmures ; en repassant à Carlisle, je repris le bâton du voyageur. Si ces gens-là n'avaient point l'écorce si rude, on se permettrait presque de les embrasser.

Liverpool ! c'est là qu'il y a une *station-hotel* qui ressemble à un palais. La ville, du reste, est fort belle, les rues sont bien bâties, les édifices ont grande mine, surtout le Palais de Justice, qui se trouve en face de la gare.

Liverpool a 516,000 habitants, 275 églises, dont 30 catholiques. Quand on entre dans un restaurant, on y trouve des gens aimables qui vous servent gracieusement, et ne vous donnent que de l'eau à boire; si l'on demande de la bière, comme c'était le cas de deux malheureux altérés, mourant absolument de soif, on va la chercher dans le *bar* voisin.

Mais le grand intérêt de Liverpool est dans son port.

La nouvelle jetée à Liverpool.

C'est du côté de la Mersey qu'on doit se diriger tout de suite en arrivant.

Il y a surtout un endroit à voir, c'est le grand ponton flottant qui a 170 mètres de long sur 20 de large; on y voit de tout, la ville entière est là, on peut le dire; c'est le lieu le plus fréquenté par les étrangers. De l'autre côté de la Mersey, il y a une autre grande ville appelée Birkenhead (70,000 habitants), et la communication se fait au moyen d'immenses *ferry-boats* tout à fait construits à l'américaine et très élevés de bord au-dessus de l'eau. Quelle vie! quelle animation! Dix bateaux à vapeur partent en même temps; quand ils arrivent pour le débarquement ou l'embarquement, des gardiens abaissent un pont-levis suspendu sous un élégant arc en fer, et dans l'intervalle des départs le public peut s'abriter sous de grands *halls* construits en face, toujours sur le ponton. Des navires de haut bord, portant au sommet de leur grand mât la flamme de guerre ou à la corne d'artimon le pavillon de l'armateur, étalent leurs formes puissantes au milieu du fleuve; d'autres viennent jeter l'ancre dans les docks voisins.

Ces navires étant un obstacle pour la construction d'un pont, comme aussi la largeur et la profondeur de la Mersey, les tempêtes et les brouillards empêchant d'ailleurs souvent la traversée, on s'est décidé à creuser une voie sous-fluviale entre les deux ports en ligne directe. « Le tunnel de la Mersey, dit le *Times*, sera une œuvre vraiment gigantesque. Il ne sera pas, comme celui de la Tamise à Londres, uniquement réservé aux piétons. Trois lignes de chemins de fer le traverseront, de manière à relier entre eux les systèmes de railways des comtés de Lancastre et de Chester que séparent les eaux du fleuve. »

Pour enlever l'eau qui coule par les fissures, on se sert de pompes pouvant retirer jusqu'à sept millions de gallons d'eau par jour : voilà les Anglais! On m'a dit qu'à Newcastle, où il sort par jour d'un seul puits de charbon 1400 tonnes et où la couche a 1 m. 60 d'épaisseur, les puits sont placés sur le bord de la mer, pour aller ensuite sous l'eau, après avoir pris tout ce qu'il y avait sous terre; rien ne les embarrasse; ils ont ainsi creusé un tunnel sous la Severn, près de Bristol. Quand ils le peuvent, ils établissent un pont : à Dundee, en Écosse, le *Taye-Bridge* au-dessus du golfe de la Taye a 3400 mètres de long; un autre a des travées de 500 mètres; à Newcastle, la partie mobile du pont tournant pèse 1450 tonnes, et la dépense pour ouvrir ce pont est de cent shellings chaque fois. Toutes ces choses gigantesques valent bien les travaux d'Hercule.

Leurs appareils sont ingénieux; c'est le résultat de longues et patientes recherches, de multiples combinaisons. Dans le pays de Galles, ils ont de grandes machines qui prennent un wagon chargé de dix tonnes de houille, le soulèvent, le renversent sur un navire et l'envoient sur une autre voie pour passer au suivant. A Liverpool nous avons

Le fort et le phare de New-Brighton à Liverpool.

vu dans les bassins et les docks des grues hydrauliques mobiles très simples; elles coûtent trois mille francs chacune et font le travail de quatre cents ouvriers. Les magasins aux blés sont très bien organisés; les machines ou norias, qui sont des roues à chapelets de seaux, sont manœuvrées par deux ou trois hommes, et le blé coule comme de l'eau dans les récipients.

Il y a entre le *Town-house* (hôtel de ville) et la Bourse un beau monument élevé à Nelson, le monument de rigueur dans toutes les villes anglaises : quatre statues enchaînées et qui représentent, je suppose, les Français, ont excité notre admiration; l'activité est grande là aussi sur cette place, et sans contredit j'aime mieux Liverpool que Glasgow; cette ville est connue pour aimer les arts et la littérature, autant qu'elle aime le commerce et l'industrie. De nombreux étrangers sillonnent ses rues, et si l'on interrogeait les élégants qui passent, je suis persuadé qu'ils nous diraient qu'ils viennent d'arriver des États-Unis d'Amérique; pourtant ils ne séjourneront pas longtemps ici, et s'ils se fixent quelque part en Europe, nous sommes sûrs de les avoir; si j'en crois M. Ludovic Halévy, le boulevard Haussmann ou l'avenue des Champs-Élysées sont bien encore ce que les Yankees millionnaires préfèrent à tout.

XIV

LE COMTÉ DE SUSSEX, WEST-GRINSTEAD

Nous sommes à Londres; nous avons vu une chose consolante et une autre fort triste pour nous Français : la première, c'est *Notre-Dame-de-France*, l'église française tout près de Trafalgar-Square : elle est simple, très simple, mais on y trouve toujours quelqu'un qui prie, surtout dans la matinée, pendant les messes; sont-ce des compatriotes?... L'église est desservie par les PP. Maristes. La seconde chose, ce qui nous a navrés, c'est la librairie française qu'on trouve non loin de là; on a étalé aux vitrines, non pas les chefs-d'œuvre de notre littérature, mais les chefs-d'œuvre du naturalisme, les livres les plus orduriers; avec cela quelques numéros de journaux illustrés, comme la *Vie Parisienne* ou quelqu'autre semblable; on a choisi les plus belles, les plus alléchantes, les plus déshabillées des gravures, et voilà comment nous sommes représentés à Londres. Une fois, le soir, en passant par Haymarket ou Piccadilly, je ne me rappelle plus, je vis tout près de moi une femme dont les allures étaient plus que suspectes, plus que débraillées; elle parlait français... : est-ce que nous ferions l'office de corrupteurs à l'étranger, et n'est-ce point une honte pour nous?

Cependant nous avons en poche des lettres pour le *Reverend Father D****, un Français, celui-là, un vrai; il habite à *West-Grinstead*, dans le comté de Sussex; nous avons hâte de lui faire notre visite, et nous prenons le *Brighton-Railway*, près de Westminster, à *Victoria-Station*. Nous allons par *Epsom*, où se trouve le fameux champ de courses du *Derby*; ce jour-là le parlement ne siège pas et la moitié de Londres se transporte aux courses, à pied, à cheval ou en voiture. Nous prenons à *Dorking*, dont le nom nous rappelle la brochure de l'officier d'état-major anglais prouvant que sans sa flotte l'Angleterre n'aurait plus qu'une ressource, garder les collines du pays où nous sommes et livrer la bataille à Dorking. C'est un pays de prairies et de pâturages, jusqu'à *Horsham*. Ici nous sommes pris; pas de moyen de locomotion pour gagner West-Grinstead, si ce n'est une calèche de campagne que nous avons encore grand'peine à trouver. Nous convenons avec le cocher qu'il nous conduira l'espace de quatre milles, c'est-à-dire la moitié de la route; nous ferons à pied les quatre milles restants.

L'aspect de la campagne est toujours le même; des prairies coupées par des clôtures ou des haies; pas de forêts, mais quelques arbres çà et là, des betteraves, de la luzerne, du houblon, des fèves, des champs de blé et d'orge arrosés par des ruisseaux qui clapotent avec un joli murmure; là les arbres sont un peu plus serrés, l'herbe des prés est encore plus verte et plus drue; les vaches grasses, fatiguées de brouter, sont couchées sur le gazon épais, et on pense à la quantité et à la qualité de la viande et du lait que peuvent fournir ces pâturages pour la plus grande prospérité de l'Angleterre. Le ciel est bleu au-dessus de nous ; mais la fraîcheur est pénétrante, comme elle doit l'être et plus encore par les temps d'averses, de pluie ou d'ondées, qui forment la température habituelle dans cette contrée.

Les maisons sont en briques rouges, couvertes de tuiles de même couleur, bâties par groupes détachés, entremêlées d'ormes, de vieux chênes, d'arbres fruitiers. La route ressemble à l'allée d'un jardin bien entretenu ; ce sont du reste des compagnies privées qui en prennent soin, et pour se rembourser de leurs frais, de temps en temps elles établissent une barrière et un péage ; nous dûmes subir le droit que s'arroge cette féodalité démocratique, et nous donnâmes en maugréant les six pences réclamées par le gardien d'une de ces barrières gênantes.

Comme nous demandions notre route aux rares passants, un jeune paysan, de douce figure et de mise convenable, sort de derrière une haie, nous prie de le suivre, et nous amène bientôt devant l'entrée d'un grand parc. Nous franchissons une légère barrière et nous voici au milieu d'une belle avenue. Notre guide dit que le public a le droit de passage ; il nous explique aussi qu'il est catholique. Les arbres séculaires se dressent à droite et à gauche, un grand troupeau de daims apprivoisés passe tranquillement à côté de nous ; il y en a peut-être plus de deux cents ; là-bas, sur le bord d'une petite rivière, des vaches paissent ; plus loin on a élevé une tente, et de grands jeunes gens en petite veste blanche se livrent au noble jeu du *cricket* et font un *match ;* plus loin encore, à travers les futaies, nous apercevons le *castle* seigneurial. C'est bien en effet le seigneur du lieu qui loge ici, selon l'habitude des riches Anglais, qui consiste à vivre à la campagne, à la façon féodale, dans leurs *country seats*, et à ne venir passer à Londres que deux ou trois mois d'été.

Un petit sentier oblique à droite et nous mène au mur du parc; échelle en dedans, échelle au dehors, tel est le singulier chemin qu'il faut prendre pour sortir; après cela le jeune paysan nous dit que nous avons encore à suivre cinq minutes la route sur laquelle il nous a mis; il nous salue et s'en va, sans vouloir accepter notre offrande. Deux enfants passent et nous saluent à leur tour d'un : *Bonjour, Monsieur*, qui nous met la joie au cœur. Nous sommes devant une église; à gauche un petit jardinet, et tout au fond le modeste presbytère du P. D*** qui vient à notre rencontre et nous accueille avec la plus franche et la plus cordiale hospitalité.

En 682, le flambeau de la foi fut apporté à West-Grinstead par saint Wilfrid, qui, après avoir été chassé d'York, était venu chercher un asile en Sussex. Depuis ce temps jusqu'ici la foi s'y est conservée sans aucune interruption, même aux plus mauvais jours des persécutions sanglantes des XVIe et XVIIe siècles.

Pendant une période de cent ans, les rois d'Angleterre ont honoré cette localité par leur séjour plus ou moins prolongé. Les bénédictins de Saumur y fondèrent une communauté de leur ordre. Henri II, duc d'Anjou, devenu roi d'Angleterre, voulut aussi lui-même y fonder une abbaye pour les religieuses de Fontevrault et une commanderie pour les chevaliers du Temple, qui furent remplacés plus tard par les chevaliers de Saint-Jean de Jérusalem, ou chevaliers de Malte. Ces trois communautés ne cessèrent d'édifier les habitants des environs par leurs vertus et de secourir les pauvres par leurs aumônes jusqu'au jour où Henri VIII décréta leur suppression avec celle de tant d'autres. Alors les ruines s'amoncelèrent de toutes parts; l'Angleterre, qui avait mérité d'être appelée l'île des Saints, fut arrachée à l'Église et livrée malgré elle à l'hérésie; toutefois, par l'héroïsme de l'illustre famille Caryll, la terre que saint Wilfrid avait évangélisée ne se soumit jamais au joug de l'hérésie. Les Caryll souffrirent la prison, le martyre ; ils sacrifièrent leur immense fortune, et la vraie foi survécut à la ténacité des persécuteurs. La mission qu'ils ont soutenue redit aux générations présentes combien les efforts des puissances de la terre sont inutiles contre la fidélité à Dieu et le dévouement à son Église. Quand le P. D***, cet homme vraiment apostolique, vint ici, il y a vingt-trois ans, il était obligé de célébrer la messe dans une chambre ; depuis, avec l'aide des généreuses aumônes de ses compatriotes, il a construit une nouvelle église dans cette mission en l'honneur de Notre-Dame-de-Consolation. Des écoles et un orphelinat, dirigés avec autant de zèle que de dévouement par des sœurs du tiers-ordre de Saint-Dominique, y ont été également établis.

Nous visitons la jolie église neuve, qui possède un tableau de Coxcie, élève de Raphaël, un calice du XIVe siècle, deux du XVIe, et un autre de style moderne offert par le pape Pie IX ; on y voit aussi une tapisserie de Beauvais du temps d'Henri VIII, et, au-dessus du maître-autel, une copie de l'ancien tableau de Notre-Dame-de-Consolation de Turin, qui est attribué à saint Eusèbe de Verceil au IVe siècle, et qui a toujours été vénéré par les ducs de Savoie et les rois de Sardaigne. Pendant notre visite à l'orphelinat, les pauvres petits abandonnés sautent au cou du missionnaire pour l'embrasser ; ces *babies* sont délicieux, et on voit qu'ils ont retrouvé un véritable père.

Celui-ci nous conte les faits anglais. Les Anglais sont religieux : sur cent il n'y a guère plus de deux libres penseurs ; les conversions au catholicisme sont rares, difficiles et lentes, mais sûres ; il y en a une ou deux de temps en temps ; ils font des objections souvent, on doit leur donner des instructions détaillées, résoudre leurs doutes ; le Père nous montre sur le chemin du presbytère une dame qui vient au catéchisme chez les sœurs de l'orphelinat depuis quatre mois. L'Église anglicane se divise en trois branches principales : la haute Église (*high church*), la basse Église (*low church*) et la moyenne (*middle church*). La première aime les belles cérémonies, le culte pompeux, et se rapproche sensiblement des ritualistes et des puséistes, qui sont à peine séparés de nous. La *low church* est plus froide, plus rigide; les ministres se contentent de donner le baptême à cinq ou six enfants en même temps, en passant trois fois le pouce mouillé dans l'eau sur le front de chacun; ce n'est pas compliqué. Le service consiste à dire la messe le dimanche jusqu'au *Canon* exclusivement; les jours de communion ils vont jusqu'à la fin; ils ne consacrent pas.

Pour le mariage, les pasteurs sont officiers de l'état civil, ce qui simplifie beaucoup les choses; pour le mariage catholique, célébré devant le prêtre catholique romain, un officier appelé *register* vient à l'église et assiste à la cérémonie; après on signe sur les registres qu'il apporte. Le P. D*** nous dit que le mariage anglais est le bon, et que, faute souvent de l'avoir reconnu en France, il est arrivé des complications fâcheuses et très regrettables; on a vu, par exemple, des personnes mariées deux fois ou d'autres qui ne pouvaient plus se marier.

Que vaut la moralité des ministres anglicans? Au demeurant on ne peut pas les accuser de dévergondage, mais ils sont intéressés et peut-être quelquefois manqueraient-ils de franchise. Ils ont femme et enfants, et il faut nourrir tout ce monde-là; c'est une charge et une cause de préoccupations et de soucis. L'un d'eux, un voisin, a 40,000 francs de traitement par an, et il se plaint; il est vrai qu'il a vingt-trois enfants et des filles à doter. Un autre s'excusera quand on va le voir de n'avoir pas de vin à vous offrir à table, parce qu'il est pauvre et que la tempérance lui défend d'user de liqueurs quelconques; c'est un peu exagéré, on le voit. J'ai su depuis par d'autres que le P. D*** était la providence de la contrée, et que nombre de fermiers ou de paysans non catholiques venaient à lui de préférence quand ils avaient un conseil à demander;

c'est un fait significatif. Néanmoins il va sans dire que, parmi les ministres de l'Église anglicane, on en trouve beaucoup qui sont de bonne foi, possèdent une science réelle et montrent du zèle pour leur ministère et en particulier pour la visite des pauvres et des malades. La même chose a été remarquée en Suisse, dans l'Oberland bernois surtout, et il serait peut-être injuste de ne point le constater.

— Nuit passée, non pas chez le P. D***, où il n'y a pas de place, mais dans l'auberge voisine qui a pour enseigne : « Aux Armes des Burnell » (*Burnells'arms*); c'est le nom du seigneur du pays, dont nous avons déjà vu le parc. La campagne, le soir, s'endort dans une paix profonde, les étoiles brillent doucement et la grande comète apparaît au milieu d'elles comme un dragon de feu. Je me rappellerai longtemps cette bonne nuit passée *aux Armes des Burnell* et qui me faisait ressouvenir des naïfs et appétissants récits qu'on lit dans les romans de Dickens, où il passe en revue toutes les auberges des trois Royaumes. Il y a dans les habitations de la campagne je ne sais quelle propreté, quel confort et quelle recherche qui sent la ville. Nos villages ne ressemblent en rien aux villages anglais : le paysan ici est à moitié homme du monde ; son extérieur est décent, convenable ; son langage est châtié ; cela tient peut-être à ce qu'il dépense beaucoup d'argent pour son intérieur et son bien-être; en revanche, il n'économise pas du tout, et souvent il peut tomber à la charge de la charité publique ou privée, et être obligé de demander un secours à la paroisse. Nous donnons nos deux shellings chacun pour notre chambre de nuit, et on nous remercie avec ce laconisme plein de politesse et de cordialité qui est bien anglais: *Yes, Sir; thank you, Sir! All right! good bye!*

Le P. D*** a un hôte depuis hier, le P. L***, un dominicain français, qui a été supérieur d'un collège en Angleterre; il est intéressant de le faire causer, lui aussi. Une chose admirable ici : la constitution anglaise, basée sur un large esprit de libéralisme; ces gens-là sont véritablement libres, plus qu'aucun peuple du monde. Une révolution à Londres même, si elle devenait possible, n'aurait aucun contre-coup dans les autres paroisses; la *Commune* ne réussirait pas, car dans chaque commune elle trouverait une opposition sérieuse, représentée par les familles qui sont, sans contredit, les premières et reconnues de tous comme telles, à cause de leur fortune, de leur service, de leur éducation, de leur influence traditionnelle. Voilà les vrais représentants du pays, qui au scrutin votent toujours en toute connaissance de cause et le plus intelligemment du monde... — Une chose défectueuse, la plaie de l'Angleterre : le paupérisme presque inguérissable; à qui la faute? au riche ou au pauvre? A tous les deux peut-être : le premier donne des secours; mais est-ce bien la vraie charité qui le guide? n'est-ce pas plutôt le souci de sa conservation personnelle? Quand le cœur n'est point derrière la bourse, le pauvre s'en aperçoit bien; aussi ici il est fort indifférent à la misère et à ce qu'on fait pour le soulager, et il s'en va répétant : « Il faut bien qu'on me nourrisse; on nourrit bien la reine! »

— Nous mettons le P. L*** sur la question des écoles. Les écoles anglaises ne ressemblent guère aux nôtres; pour les jeunes gens qui se destinent au commerce, il y a des écoles commerciales; là l'aîné, qui hérite, selon la loi anglaise, de tous les biens du père de famille, passera quelques années, et en sortant il saura travailler et faire fructifier ce qu'on lui a laissé; quant aux cadets, ils devront se mettre à la besogne dès les premiers instants; leur légitime ne leur suffira pas, et ils auront à faire fortune par leurs moyens et leurs ressources propres et personnelles; ils iront aux colonies et soutiendront l'honneur de la famille et du pays. Quand ils auront assez de livres sterling de revenus, on les verra revenir dans la vieille Angleterre, s'y marier et y vivre comme ont vécu leurs pères... Les fils de famille vont à Eton, à Harrow, à Rugby, où sont les principaux établissements secondaires; ils y dépenseront deux cents livres sterling par an, vivront autant à la campagne, dans les champs, les bois et les prairies, que dans la salle de classe et d'étude; on ne leur demande que d'assister aux leçons des professeurs. Les petits serviront les grands; c'est la loi du *fagging,* qui a engendré bien des abus, mais qui forme le caractère. Ils étudient le latin et sont surtout forts sur le grec, à tel point qu'ils peuvent traduire Shakespeare en vers iambiques; cette méthode n'est peut-être pas la meilleure. Les collégiens anglais ont peu d'idées précises, peu de vues d'ensemble; ils ne commentent guère l'enseignement donné à leurs études; sont moins synthétiques, si je puis m'exprimer ainsi.

... Quant aux étudiants, ils vont à Oxford, à Cambridge; eux sont moins libres que les collégiens; ils sont tenus d'assister aux cours et aux repas pris en commun; ils doivent être rentrés à 9 heures du soir; mais ils se dédommagent par les plaisirs du sport, du cricket, des régates, et les universités se livrent entre elles des combats mémorables. Les PP. Jésuites, qui ont un grand et beau collège à Wigan, près Liverpool, ont adopté les méthodes anglaises; quand le club du collège lutte dans un *match* contre le club de la ville, on reste huit heures sur la prairie, on lunche là, on y coucherait volontiers... Leurs grands philosophes ont chacun leur chambre et leur cabinet de travail. Nous sommes loin des coutumes françaises.

... A l'université, les examens portent sur quatre branches : les mathématiques, les sciences naturelles, les lettres, l'histoire et la législation; mais les ministres ou pasteurs sont nommés par les évêques, les avocats par le collège des avocats, et les médecins par le grand conseil du Royaume-Uni.

Combien j'ai regretté de ne pouvoir visiter Oxford, de ne pas voir ses rues pittoresques, ses maisons de tous les styles, ses arbres séculaires, ses jardins fleuris, et de ne pas jouir de la grande paix qui règne dans ce sanctuaire du travail! Un autre chagrin, c'est de n'avoir pu visiter York, sa vieille cathédrale qui supporte facilement la comparaison avec Séville et Tolède, ses statues de rois, ses tombeaux d'évêques, ses superbes vitraux conservés avec un soin dont nous devrions être jaloux.

Nous ne quittons pas West-Grinstead sans aller visiter la belle Chartreuse de Parkminster : elle est située à un mille et demi de distance; les bons Pères sont revenus en Angleterre après trois cents ans d'exil. On raconte qu'à leur départ d'Angleterre un saint religieux dit que les moines de saint Bruno reviendraient quand la paix serait rendue à l'Église et que les Anglais retourneraient à la vraie foi; Dieu veuille que cette prophétie s'accomplisse! Nous fûmes reçus par le père prieur dom ***, un ancien capitaine de vaisseau, qui surveille les travaux de construction déjà presque entièrement terminés; la superficie de la propriété est de 400 hectares; il y a de la place pour une centaine de Pères; le grand cloître, l'église et la bibliothèque sont de toute beauté. Parkminster est situé sur la paroisse de Cowfold.

Saluons en passant dans le parc des Burnell le chêne de Pope, sous lequel le poète a composé tant de beaux ouvrages; et après avoir donné une vigoureuse poignée de main (*shake hand*) à nos aimables hôtes, après les avoir vivement remerciés, allons prendre le train à la gare prochaine de West-Grinstead. Le chemin qui conduit à la station est bordé de deux haies superbes, où éclatent les verdures des troènes et des houx piquants; l'air est embaumé par la senteur des fleurs des champs.

Nous sommes attendus à Londres, au Palais du Parlement, par sir L***, baronnet, membre de la Chambre des communes, à qui nous avons été recommandés. La salle immense (*Westminster hall*) précédant le grand escalier qui conduit aux chambres est grandiose; le policeman placé à l'entrée du vestibule fait appeler le baronnet, qui nous accueille avec la plus parfaite courtoisie; il va demander pour nous la permission d'entrer au président de la Chambre (*speaker*); nous sommes introduits, et notre guide nous prévient que nous garderons notre chapeau sur la tête partout, excepté dans la salle des séances.

Nous sommes donc dans la Chambre des communes, salle rectangulaire à banquettes, où les députés sont serrés les uns contre les autres. Ils sont si serrés, qu'un jour l'un d'eux monta dans les tribunes du public et parla d'en haut pour se plaindre de n'avoir pas de place sur les banquettes. Je trouve fort étrange que le confortable règne dans toute l'Angleterre, excepté là où l'on devrait le trouver. Sir L*** nous désigne les ministres : M. Gladstone; sir Charles Dilke, secrétaire d'État du *Foreign-office*, qui parle; le ministre des postes, son voisin, qui porte des lunettes bleues, est aveugle, cela ne l'empêche pas de travailler énormément. Voici le ministre de la guerre, qui parle aussi, puis les ministres et sous-ministres pour l'Irlande. Nous avons la bonne fortune de voir M. Parnell se lever au milieu des députés irlandais et prendre la parole depuis son banc, comme c'est l'usage.

La bibliothèque est superbe; les députés écrivent là; nous voyons le *tea-room*, où l'on ne sert pas de vin; la salle à manger, le fumoir qui donne sur une grande galerie longeant la Tamise. On nous mène à la tribune spéciale pour les dames; on n'a pas été gracieux pour elles : leur loge, située au-dessus du siège présidentiel, est grillée, et un écriteau leur recommande le silence : *Silence is requested;* on a fait plusieurs fois des motions à la Chambre pour demander à supprimer ce grillage; elles ont toujours été repoussées. Que diraient de cela Mlles Hubertine Auclerc et Louise Michel? « On m'a raconté, nous dit sir ***, que dans votre Chambre le président avait une lorgnette et regardait les dames des tribunes; si pareille chose arrivait ici, il y aurait un vote de blâme contre le président. »

A la Chambre des lords, c'est une merveille; pour y arriver on passe par la galerie de la Reine; le trône est placé derrière le siége du président et sert dans les grandes séances d'ouverture. Les lords sont mieux installés, ils ont des fauteuils de cuir rouge. Trône, candélabres, peintures, tout est fastueux, opulent, richissime; quelques jeunes lords, un évêque en surplis, sont assis à leur place. Comme nous entrions, nous vîmes sortir le chapelain de la Chambre, qui venait de réciter la prière que l'on dit toujours au commencement de chaque séance. Telle est la différence qui existe entre nos voisins et nous; je veux laisser mes lecteurs sous cette impression.

Le lendemain, dans le train qui me ramenait à Paris, je revoyais en rêvant dans le coin de mon wagon les aiguilles, les dentelures, les nervures, les trèfles et les rosaces de *Parliament-House* au bord de l'eau; et ces ministres qui peuvent, depuis la tribune, mettre un doigt dans le fleuve en disant : Je tiens sous ma main le chemin qui va aux Grandes-Indes et les richesses de ses nababs, et ce clergyman qui venait d'appeler le secours de Dieu sur les délibérations de la haute assemblée, et je me disais : Là est l'avenir assuré autant qu'on peut humainement en répondre, car là est la religion, la fortune et la liberté.

ITALIE ET SICILE

(IMPRESSIONS DE 1879 ET DE 1883)

DANS LE TRAIN

Dimanche, 8 juin 1879.

Ami lecteur, on vous a souvent parlé de l'Italie et de toutes les façons, mais peut-être pas de celle-ci; c'est pourquoi si vous ne l'avez déjà fait, prenez un billet circulaire à la gare de Lyon et suivez-moi; vous verrez qu'on peut faire beaucoup de choses et qu'on peut les faire bien, même en trente jours.

Nous sommes partis de Paris, aujourd'hui à trois heures, mon ami D*** et moi : enfin! Franchement, nous avons besoin de voir un peu de soleil, après ce printemps pluvieux et détestable. Assez commodément installés dans un simple et bourgeois compartiment de 2ᵉ classe, nous roulons vers Lyon et la Méditerranée. Silence complet d'abord, parmi les huit voyageurs, compagnons réunis là par le hasard; mais nous nous apercevons bientôt que nous avons une bonne compagnie de voyage qui sait tailler les bavettes... Il pleut, il pleut sans cesse; pourtant, voilà une éclaircie et un arc-en-ciel magique un peu avant Tonnerre; quel beau coup de soleil couchant dans les terres noyées, et comme il rend la verdure étincelante et les murs des maisons d'un blanc éblouissant! On dîne très convenablement au buffet de Tonnerre, quoiqu'on nous ait assuré que le pain y sentait la poussière. Nous sommes en pleine Bourgogne et au milieu des crus célèbres; à Vougeot, un type poissonneux monte dans notre compartiment avec sa marchandise... *Male olet!* Nous recrutons aussi un plantureux paysan et un malheureux qui a pris deux billets pour Lyon, et tour à tour apitoie ou fait éclater tout le wagon en contant sa mésaventure. La compagne de voyage déjà nommée est en train d'expliquer à un monsieur l'ameublement de son salon et lui énumère aussi sa nombreuse parenté...

LYON. — AIX-LES-BAINS

Lundi, 9.

— Lyon. On descend pour jeter un coup d'œil sur la ville et prendre un peu de repos.

Nous admirons le beau square de la place Perrache et nous arrivons à la place Bellecour; elle est nue, trop vantée, et mon ami D*** en médit; nous traversons la Saône sur un beau pont, et, passant entre le palais archiépiscopal et le séminaire, nous arrivons à l'église Saint-Jean : ses tours ne sont point achevées; la nef est d'une meilleure époque; les lignes sont pures, mais il y a là quelques restaurations de mauvais goût. En fait de tableaux à l'intérieur, rien ou peu de chose; nous sommes Parisiens, et en cette qualité très difficiles, mal impressionnés par l'atmosphère de poussière provinciale qui s'étend sous ces voûtes. Nous avons aussi la chance de rencontrer une bonne vieille qui s'efforce de remplir une bouteille d'eau bénite, et ne fait guère autre chose que se laver les mains dans le bénitier... En route pour Fourvière! Pour y aller c'est vraiment bien commode : on y monte par le moyen d'un chemin de fer appelé la *Ficelle*, qui, par exemple, compromet gravement notre centre de gravité. Après quelques minutes d'ascension à pied, nous arrivons à la chapelle de la Vierge; c'est un fouillis où on ne trouve rien d'artistique; mais l'affluence des fidèles est grande et leur piété réconforte le cœur; un jeune prêtre célèbre sa première messe à l'un des autels qui sont nombreux; nous faisons une prière fervente pour toutes les personnes aimées et nous allumons le cierge des pèlerins : *Ave, maris stella!*...

Du haut de la colline de Fourvière, le panorama de Lyon coupé par le Rhône et la Saône est splendide; la descente s'effectue au milieu d'un petit bois ombreux et pittoresque.

Départ pour Ambérieu après un déjeuner précipité. La campagne est monotone; les maisons qu'on aperçoit çà et là sont délabrées et misérables; mais d'Ambérieu à Aix-les-Bains le paysage varie et les montagnes apparaissant enfin nous plongent dans une extase artistique; le délicieux torrent de l'Albarine court et bondit le long de la voie ferrée, faisant marcher les moulins et les filatures de soie; depuis Culoz on aperçoit dans le lointain les neiges. On arrive au lac du Bourget qui fait penser à Lamartine :

> Un soir, t'en souviens-tu? nous voguions en silence...
> . . . .
> Ô lac, rochers muets, grotte, forêt obscure...
> . . . .

Le chemin de fer contourne le lac et les rochers, traverse quelques sombres tunnels et nous amène à Aix-les-Bains.

Visite sommaire de la ville et promenade au lac en compagnie d'un gentleman lorrain du pays de Sarrebourg, qui fait une cure ici et nous raconte moult historiettes et fantaisies. On prend un goûter champêtre chez *Bijou-Charmant*, presque au bord de l'eau, en face de la *Dent du Chat*, et en rentrant dans la ville nous rencontrons Mgr le duc de Nemours et Mme la duchesse.

D'Aix à Chambéry, toujours dans les montagnes; le panorama est ravissant, et certaine perspective à trois plans nous fait jeter des cris d'admiration. Dans le bas, la verdure des prairies et des jardins; un peu plus haut, la montagne bleue; au-dessus, les neiges éclatantes. Voici Chambéry dans l'ombre, et nous couchons dans une assez bonne chambre d'hôtel en face de la gare.

LA SAVOIE. — TURIN

Mardi, 10.

Au départ de Chambéry, le chemin de fer s'engage entre deux chaînes de très hautes montagnes qui bordent la voie; une blanche ceinture de nuages apparaît à mi-côte et couronne les aiguilles des rochers et les pics sauvages; de temps en temps on aperçoit une chapelle agreste et une cascatelle gracieuse ou un torrent impétueux qui s'élance à travers les sapins; un de ces torrents, en s'élargissant considérablement par le bas, affecte la forme d'un éventail. Çà et là, des villages qui nous annoncent déjà le voisinage de l'Italie, surtout par les campaniles dorés de leurs églises. — Modane. Nous descendons, et nous faisons remettre nos lettres de recommandation au chef de gare, qui nous accueille d'une façon fort courtoise; les formalités de douane sont remplies, nous avons déjeuné; en route de nouveau et faisons l'ascension du mont Cenis. Il faut vingt-cinq minutes pour traverser le fameux tunnel.

et quelques minutes encore pour arriver à la première station italienne *Bardonecchia*. Voici l'Italie : nous sommes entourés d'Italiens, on cause italien, partout, autour de nous. Enfin nous sommes contents.

— Turin. Nous ne nous y arrêterons pas longtemps ; nous y verrons une belle ville moderne, une jolie gare, des rues, des places grandioses, des églises remarquables, si nous n'étions pas en Italie ; mais nous allons voir tant de jolies églises ! Ici, nous n'avons pas manqué de visiter celle du Saint-Suaire ; les quatre lampes en argent massif données par le roi Victor-Emmanuel, et qui doivent brûler devant la précieuse relique, sont superbes et rappellent les multitudes de lampes qui brûlent en Palestine devant les principaux sanctuaires, au Saint-Sépulcre, à Bethléhem, à Nazareth ; ce sont aussi des cadeaux des princes chrétiens, et il y en a peut-être là-bas qui furent offerts par le roi *Galantuomo*. A Turin, on voit le Pô, fleuve fameux ; le soir, la ville est en joie ; partout des cafés chantants ; nous assistons à une représentation de *Lucie de Lammermoor* donnée en plein air. Parmi toutes les têtes qui nous entourent, pas une qui soit coiffée d'un chapeau de paille ; tous les messieurs portent le chapeau rond, la plupart des dames portent la mantille comme de vraies Espagnoles. La familiarité de ces Italiens est toute charmante.

Départ pour Milan. La campagne est d'un beau vert ; nous traversons des rizières ; les paysans marchent là dedans, en retroussant leurs vêtements... Dans le haut des fermes, des baies énormes sans fenêtres ni volets laissent voir les récoltes entassées dans des greniers très abondants. Des artistes champêtres ont peint sur les murs des fresques pieuses qui représentent toutes sortes de sujets religieux ; des statues de saints, protecteurs des champs et des cultures, ornent généralement les façades ; on sent qu'on traverse un pays catholique et pratiquant. La vigne est suspendue en guirlandes gracieuses aux arbres, en pleins champs; les habits sombres des moissonneurs et des moissonneuses tranchent sur le fond doré des épis. Voici Magenta : saluons la gloire des armes françaises qui a passé là !

— —

MILAN. — VUE GÉNÉRALE

Mercredi, 11.

Nous sommes logés tant bien que mal à l'*hôtel du Nord*. Ville plus belle encore que Turin; habitants gracieux et élégants. Le Dôme ! la cathédrale ! unique au monde : c'est vraiment une colossale dentelle de marbre. Nous y avons fait notre visite au tombeau de saint Charles Borromée qui contient des richesses comme on n'en trouve qu'en Italie : accumulation de métaux précieux et de pierres rares.

Mais nous ne voyons cela qu'en passant; nous reviendrons ici, sans pourtant entreprendre la description d'un monument qui a été si bien décrit tant de fois. Qu'on ne l'oublie pas : ce sont des notes de voyage rédigées en style télégraphique; nous donnons une idée de ce que nous avons vu, et nous passons rapides comme l'électricité; — mettons comme une locomotive, qui permet encore de se délecter dans la contemplation d'un beau paysage longeant la voie ferrée.

En voyage, quand on arrive dans une ville nouvelle, on va toujours à la poste pour y chercher ses lettres et pour envoyer un mot à sa famille, à ses amis; ici, nous jetons une carte à la boîte pour notre ami B***, étudiant à l'université de Pavie; ce n'est pas loin; il pourra et voudra, je n'en doute pas, nous joindre ici même.

Et puis nous traversons les merveilleuses galeries de

Victor-Emmanuel, voisines du *Duomo*, à droite en sortant. Quand nous revenons à notre hôtel, nous rencontrons une voiture d'arrosage municipal qui fait notre bonheur un instant. Un cocher conduit le véhicule primitif; un homme suit par derrière qui tient à deux mains un tuyau adapté à la voiture et percé de petits trous laissant échapper l'eau. L'homme imprime à tour de bras un mouvement de rotation rapide au tuyau, qui fait jaillir le liquide dans toutes les directions. Rien d'aussi grotesque que la figure du pauvre arroseur.

L'*Orto publico* de Milan est à peu de distance de la gare du chemin de fer; le soir tout le *high life* est là, vers les cinq ou six heures; il y a un grand espace long et découvert, mais entouré d'arbres sur les côtés : les voitures aristocratiques et autres en font le tour; de temps en temps une voiture se détache de la file et vient stationner au milieu de l'esplanade; une autre vient se ranger à ses côtés et la conversation s'engage entre voisins et connaissances. Nous n'avons pas manqué de faire le tour de rigueur.

MILAN. — IL DUOMO. — PAVIE

Jeudi, 12.

Après avoir entendu la messe à la cathédrale, car ce jour-là c'était bien une fête d'obligation en Italie, — l'Italie ne connaissant nullement les concordats qui renvoient la Fête-Dieu au dimanche suivant, — nous sommes montés sur les tours du Dôme. C'est là qu'il faut aller pour voir la dentelle de marbre, les détails de l'architecture, la forêt de statues, les chefs-d'œuvre que Canova a suspendus dans les airs, sur des socles invraisemblables de légèreté;

statues de saints ou de grands hommes planant entre ciel et terre comme des anges, et encore sans pouvoir se soutenir ou s'appuyer sur deux larges ailes déployées. C'est féerique. On se perd dans ces labyrinthes de là-haut; mais, voyageurs de l'avenir, n'ayez nul souci : la police est parfaitement organisée même là, et vous trouverez derrière un saint Pierre ou un saint Ambroise un sergent qui vous remettra sur la voie, en cas d'erreur.

Nous descendons dans l'intérieur; sait-on combien il y a de chaises dans la grande nef? deux mille quatre cents. Il y a toujours des gens qui font des statistiques inimaginables; nous en avons trouvé un qui nous a dit cela, et malgré tout nous n'avons pas de chaises pour nous asseoir pendant la cérémonie, la *fonction*, qui va commencer.

C'est une belle chose que cette *fonction :* la procession de la Fête-Dieu ou du *Corpo-Santo,* comme ils disent ici. Les curés des soixante-deux paroisses de Milan y assistent; chaque curé est revêtu d'une chape magnifique et est précédé d'un massier; les croix et les torchères qui marchent devant lui sont en orfèvrerie fouillée; nous n'avons rien comme cela chez nous, au moins pour l'ordinaire. L'archevêque, sénateur du royaume, vient tout à la fin, précédé immédiatement par douze *monsignori* en violet et les chanoines, dont le costume est rouge. Nous sommes placés près du *saint Barthélemi écorché,* et nous jouissons beaucoup de ce coup d'œil magique; il y a dans la cathédrale une foule énorme composée en majeure partie d'hommes de toutes les conditions et de tous les âges.

Vers midi, nous allons voir *Saint-Alexandre,* église très riche, où, selon l'usage italien, la fabrique, à cause de la fête, a fait exposer sur une table dans la nef la collection des plats d'argent ciselé qui fait partie de son trésor. Nous visitons aussi l'avant-cour de la curieuse église *Saint-Ambroise* et la fameuse fresque bien effacée, hélas! de Léonard de Vinci à *Santa-Maria delle Grazie.*

— L'étudiant Giuseppe D*** est venu nous trouver et nous a emmenés à Pavie..., d'abord à la Chartreuse. Serait-ce la huitième merveille du monde? Je serais tenté de le croire...; il faut voir les tableaux, les marbres et les mosaïques des autels, le maître-autel surtout. Il y a telle table de communion et telle grille du chœur en mosaïque qui sont des chefs-d'œuvre de patience et de goût, et qui valent des prix fous.

On nous montre, en allant vers la ville, le champ de bataille célèbre, puis nous arrivons à la Cité aux cent tours. Notre compagnon a prévenu un de ses amis, un major d'artillerie, qui doit aussi nous piloter; mais, renseignements pris à la porte d'une caserne, près d'un planton, le major d'artillerie nous a attendus pendant trois heures et a dû s'en aller. Giuseppe a pourtant d'autres amis qu'il nous présente dans sa chambre d'étudiant, les deux jeunes seigneurs Paolo et Luigi M*** de Milan; ce sont deux charmants jeunes gens, dont l'un suit à l'université les cours de droit et l'autre les cours de mécanique. Nous nous livrons à une escrime d'italien qui ne blesse personne, mais nous jette parfois dans de douces gaietés.

Visite à la cathédrale et au tombeau de saint Augustin. *Sic!* Qui aurait pu croire que le grand docteur reposait là? Cette Italie est la terre des saints; ils sont tous ici, les Italiens et les autres; du reste, saint Augustin, quoique né en Afrique, est bien un peu Italien. Voici le palais épiscopal; l'évêque n'y est pas; c'est grand dommage, car nous lui aurions fait visite; il est très bon pour les *studenti*, à qui sa porte et ses salons sont ouverts en permanence, et on nous aurait présentés.

Nous faisons un tour complet par les rues et les places et nous voyons l'université : comme ça sent bon le latin, le moisi, la verdure, le soleil. Il n'y a pas une seule de ces vieilles villes italiennes qui n'ait cent petits recoins bien curieux, bien pittoresques. Il y a aussi, il est vrai, les verrues de la Cité, les coins sombres, les repaires ; nous passons près d'un quartier qu'on appelle le quartier des *Dames-Blanches*, le boulevard Saint-Michel de l'endroit.

Décidément les seigneurs M*** sont devenus nos amis ; après un copieux dîner où les demi-bouteilles d'*asti spumante* sont prodiguées, on nous reconduit à la *stazione*, bras dessus bras dessous ; et quand on nous quitte avec force salutations et poignées de mains, on nous remet une lettre de recommandation pour le noble seigneur Jérôme M***, le frère aîné de nos amis, qui habite Milan.

« Al nobile signor Girolamo M...

« Il latore del presente e il signore Luciano V*** in com-
« pagnia del amico signor Francesco de L***, venuti tro-
« vare il B*** essendo di passagio per Milano. Il signor
« dom L*** e quell'ottimo giovanne di Parigi amico del
« Giuseppe B*** di cui t'ho parlato più volte e che fu mis-
« sionario in Cina. E un giovanne compitissimo, allegro
« e molto simpatico.

« PAOLO M***. »

Trop flatteur, vraiment, pour traduire.

MILAN. — ARRIVÉE A VENISE

Vendredi, 13.

Malheureusement le noble comte M*** n'y était pas quand nous nous présentâmes à son *palazzo*. Pour nous consoler nous allâmes entendre une messe *ambrosienne* à la cathédrale. On chante l'épître et l'évangile sur deux hauts ambons, ce qui est dans les traditions ecclésiastiques. Quand on arrive à la cérémonie de l'encens, celui des officiers sacrés qui fait fonction de maître des cérémonies, et qui porte une *cappa magna* cardinalice, donne au peuple un coup d'encensoir circulaire avec une dignité et une majesté incomparables. Ces Italiens sont nos maîtres en fait de cérémonies, quand ils veulent s'en donner la peine, s'entend... L'offrande des oblats est présentée par quatre femmes voilées de noir; voilà qui est encore de tradition ancienne. Les chanoines sont vêtus de rouge; quelles belles figures de magistrats ils possèdent! quelles nobles et doctorales physionomies! Pendant la messe, le peuple entourait la confession de saint Charles, qui ressemble un peu à la confession de saint Pierre à Rome; une large ouverture dans le pavé, devant le sanctuaire, laissant apercevoir le tombeau du saint; le peuple ne se contentait pas d'y répandre ses prières, il y répandait aussi sa menue monnaie; elle était couverte de piécettes et de *soldi*, qui servent probablement à l'entretien du luminaire.

Nous vîmes le corps de saint Charles après la cérémonie, et les habits précieux qui le recouvrent. Un gentil séminariste nommé Angelo Tonielli, préposé à la garde du corps, nous fit remarquer la croix pectorale que le saint cardinal portait au cou; il paraîtrait qu'elle vaut un million de francs. Comme nous avions grand'faim, en sortant du Duomo, nous entrâmes dans une *trattoria* populaire, voisine de là. On peut en essayer au moins une fois ou deux, par-ci, par-là, pendant le voyage; on ne s'en repentira pas du reste, car on y trouve toujours bon marché, honneurs et sourires; quant à la qualité des mets que l'on vous sert, c'est autre chose.

Nous allons quitter Milan, et grâce à l'ami Giuseppe B*** nous y aurons passé quelques jours très agréables. C'est grand dommage que nous ne parlions l'italien qu'imparfaitement; c'est une langue gracieuse qui nous permettrait de nous mettre en rapport avec un peuple gracieux. Il faut l'apprendre, messieurs les Français; quoique vous n'ayez pas de dispositions pour les langues étrangères, dites-vous et dit-on, il faut l'apprendre; c'est la plus facile et la plus jolie de toutes.

Quand reverrai-je mon ami? je ne sais. Il est de Côme, de cette Côme assise sur les rivages d'un lac enchanteur; quand je reviendrai dans ces parages, je saurai bien aller lui dire que je ne l'ai pas oublié. En attendant, jetons-lui un mot d'adieu à la poste.

A GIUSEPPE B***

Si je savois parler la langue d'Italie,
Joseph, je te dirais que jamais on n'oublie
   Un ami comme toi.
Depuis tantôt cinq ans qu'un jour ton doux visage
S'est offert à mes yeux, jamais ta chère image
   N'a fui bien loin de moi.

Si je savais parler la langue d'Italie,
Ami, je te dirais qu'il n'est point de folie
   Qu'on ne fasse pour toi.
Aussi quand je partis, dans mon âme brisée,
De te revoir bientôt j'ai formé la pensée :
   M'approuves-tu? dis-moi?

Si je savais parler la langue d'Italie,
Je te dirais : Je veux voir Côme la jolie,
   Ton lac, ton ciel et toi.
Ah! si je la parlais, et plus chère et plus belle
Deviendrait pour ton cœur mon amitié fidèle;
   Je l'apprendrai, crois-moi!

Dans le wagon qui nous emporte vers Venise, un monsieur distingué et un commis voyageur italien à la voix tonnante. Nous passons à Solferino près du monument élevé à la gloire des armées franco-italiennes. Nos compagnons autour de nous font des récits de bataille que nous comprenons à peu près. Voici le quadrilatère, le lac de Garde, de riches campagnes; c'est un enchantement perpétuel, une vue délicieuse et dont on ne se lasse pas, parce qu'elle varie sans cesse. Aucune monotonie dans le paysage, point de teinte sombre; tout est joie, soleil, vie, chaleur. Pourtant nous arrivons à Venise; voici un pont de 3 kilomètres jeté sur les lagunes; nous sommes arrivés.

En sortant de la gare, on éprouve une grande surprise, une impression singulière, lugubre. Je fais le tableau : les escaliers de la station viennent aboutir à l'eau d'un canal; à droite, dans la gare même, une grande statue de Madone; à gauche et en face, des églises; sur le canal, des gondoles noires; autour de nous quelques bateliers et des femmes qui glissent silencieusement, enveloppées de leur long voile noir. Silence complet, quoiqu'il ne soit pas encore nuit.

Nous faisons comme tout le monde, nous entrons dans une gondole et nous demandons qu'on nous conduise à la place Saint-Marc par le *grand canal;* il est huit heures; voilà que les cloches de cent églises se mettent à danser dans le haut des campaniles et sonnent l'Avé Maria. Arriver à Venise dans ces conditions-là, c'est une chance inespérée, un vrai bonheur, un plaisir et une jouissance enviables.

Des palais superbes (cent quarante à Venise) baignent leurs pieds dans l'eau; les femmes sont toutes aux fenêtres : je crois que la vie à Venise doit se passer à regarder par les balcons; il n'y a pas d'autres distractions. Mais nous voici à la *Piazza* et la *Piazzetta* : leur aspect est grandiose. Saint-Marc, il est vrai, paraît toujours un peu petit, parce qu'on se l'est figuré comme un autre Saint-Pierre de Rome. Ces deux colonnes au bord de la mer, les trois porte-étendards devant la cathédrale, le campanile, font des motifs de décoration très originaux. Quant au palais des doges, nous en admirons les lignes sévères, mais nous brûlons d'entrer dans l'intérieur. *Patienza!*

Pour le moment nous entrons à l'*hôtel Bellevue,* à gauche de Saint-Marc; tous les hôtels se valent à Venise, je crois; mais il est très pittoresque, en se penchant à la fenêtre, de voir l'eau qui miroite en bas et les gondoles qui glissent avec des façons de conspirateurs, sans bruit, sans vacarme. Ce qui n'est pas pittoresque, c'est d'être dévoré par les moustiques; ce qui nous paraissait aussi très intéressant, c'était le *padrone de l'albergo;* je parie que si on lui avait ôté son chapeau à haute forme, on lui eût trouvé une de ces vieilles figures si connues qui faisaient si bien dans l'antique république, vers les xv® ou xvi® siècles; nous l'avions baptisé : nous l'appelions le doge Dandolo.

Promenade sur la *Piazza* le soir, sous les arcades inondées de lumière; les tables de café sont toutes occupées, les devantures des magasins étincellent et montrent des écrins pleins de bijoux artistiques; or et flamme, argent et rayons, qui exercent sur le pauvre voyageur un attrait tentateur. La foule va et vient, les bouquetières vous accrochent de force leurs œillets à la boutonnière et vous regardent si gracieusement sans rien vous demander, qu'on leur donne tout de suite quelques *soldi*. Venise est en joie comme en plein carnaval, j'imagine; la moitié de la ville fait l'assaut de l'autre moitié; pour nous, après quatre ou cinq escarmouches insignifiantes, nous nous retirâmes sous notre tente sans avoir perdu ni les armes ni les bagages. Le doge Dandolo montait la garde sur le pas de sa porte selon son habitude, et toujours en chapeau à haute forme, la nuit comme le jour; nous lui souhaitâmes un cordial bonsoir. Sous nos fenêtres l'eau noire et moirée scintillait par places, et les gondoles passaient de cinq minutes en cinq minutes, enveloppées encore de plus d'ombre et de plus de mystère.

VENISE. — EN GONDOLE

Samedi, 14.

Messe à Saint-Marc. Les chanoines en camail violet sont très beaux ; mais il m'a bien semblé leur voir au cou une croix pectorale, au doigt un anneau ; à ce compte-là, comment les distinguer des évêques ? Les mosaïques et les bronzes sont encore ici prodigués avec un luxe inouï, un harmonieux désordre ; il semble qu'on soit dans une église grecque ou une mosquée qui possède cinq cents colonnes de marbre ; ce n'est plus l'Italie, c'est l'Orient à l'intérieur comme à l'extérieur du monument ; et ce qui vient ajouter à l'illusion, c'est l'étrange musique du chœur qui accompagne la messe canoniale ; ce sont à peu près les mélodies que j'ai entendues naguère dans les églises et les cérémonies grecques et arméniennes en Palestine.

Nous avons passé ce jour-là quatre heures en gondole : c'est le vrai et le seul moyen de voir et de juger Venise. La gondole, la barque vénitienne, entrez-y ; vous verrez Venise ; entrez-y ; vous pouvez vous y cacher, vous isoler, et dans l'abri du milieu, baissant les stores, jouir silencieusement d'un paisible sommeil. Je crois qu'on doit y venir parfois pour y reposer et dormir. Le gondolier rame debout en se penchant vers l'avant ; rien n'est aussi discret qu'un gondolier ; c'est un silencieux, un muet du sérail…

Les églises surgissent de toutes parts ; c'est là une des poésies de la reine de l'Adriatique ; ces escaliers, dont les dernières marches aboutissent au canal, mènent à un portail de bronze et à des colonnades de marbre. Nous avons vu ainsi *San Georgio il Maggiore*, *Santa Maria della Salute*, *San Giovanni e San Paolo* ; nous avons vu les tombeaux des doges, le tombeau de Canova : il est superbe de grandeur et de simplicité artistiques.

Ce qu'il y a de très ennuyeux à Venise, c'est l'obligation où l'on est d'avoir toujours la main à la poche pour donner un pourboire; je sais bien qu'ils se contentent de peu ici, le moindre *centesimo* fait leur affaire; mais on ne peut pourtant pas gonfler ses poches de *centesimi*, il en faut pour le gondolier, il en faut pour le *lazzarone* qui est couché paresseusement sur le quai ou l'escalier de la *chiesa*, et qui se réveille et siffle entre ses dents quand il vous voit arriver; il en faut pour l'autre *lazzarone* qui,

Intérieur de Saint-Marc.

muni d'une gaffe ou croc de fer à deux branches, s'en sert pour attirer vers le quai votre embarcation; il en faut pour le mendiant qui tend la main à la porte de l'église où vous entrez; il en faut pour le *custode* qui vous montre les curiosités du monument, même quand il n'y a rien du tout de curieux; il en faut pour le marinier qui repousse votre gondole au large; il en faut pour celui qui a ramassé votre chapeau ou votre ombrelle quand ils sont tombés dans l'eau; il en faut toujours, il en faut partout. Ne donnez rien, et vous verrez comme vous serez reçu. Une fois que nous n'avions rien donné à un de ces mendiants, ne s'avisa-t-il pas de crier aux autres : « Ceux-là de saintes gens! oh! pour sûr, ils ne le sont pas! *non sono santissimi!* » Il eut un sou pour son mot, il le méritait bien ; mais vous voyez qu'il faut même de la monnaie pour payer les bons mots et les calembours.

Les sacristains ou les fidèles, tout simplement, ont l'habitude à Venise d'orner les autels des églises avec des lis blancs très odoriférants ; cette odeur se marie très bien avec celle de l'encens, et on est tout saisi en entrant dans le lieu saint par ce pénétrant parfum.

Nous vîmes *San Georgio dei Greci* ; cette église appartient aux schismatiques grecs, elle est semblable à toutes celles de la même communion que l'on trouve en Orient. Deux prêtres la desservent ; on les rencontre parfois dans les ruelles de Venise avec leur haut bonnet évasé par le sommet, leur toge aux larges manches et leurs longs cheveux. Il y a trois cents Grecs à Venise, nous dit-on.

Et la gondole nous fit tout voir : le théâtre de la *Fenice*, un des plus célèbres de l'Italie, renommé surtout par ses ballets ; le monument de *Manin*, le *Gesù*, ancienne église des jésuites, avec ses peintures ornementales, ses draperies de pierre, ses *lapis-lazuli*, ses ors, ses fioritures.

Palais, églises, canaux, c'est tout Venise ; les gondoliers sont très bonnes gens ; le peuple italien, s'il n'était pas si mendiant, serait si charmant! ils le sont encore assez pourtant, toujours, tous et partout. Les enfants nous suivent, et, pour un bout de cigare, ils font devant nous, quand ils trouvent un coin propice, des pirouettes merveilleuses.

Visite au palais des Doges. On nous fait voir le Sénat, la chambre du conseil des Dix, la salle du grand conseil ; tout cela regorge de richesses artistiques : les Tintoret (*l'Ariane, saint Marc et le prisonnier*) ; les Bellini (*les Vierges*) ; le Titien (*l'Assomption*). Il y a un plafond incomparable ; les portraits des doges sont rangés autour d'une de ces salles ; la place de Marino Falieri a été voilée de noir; il n'était pas digne de figurer ici, il avait trahi la république et fut décapité.

On montre aussi les prisons : ce sont d'affreux cachots; ils s'entendaient bien les Dix, pour torturer leurs victimes. Voici la place où l'on mettait la hache et la machine à étrangler, les trois trous par où le sang s'écoulait au dehors... brrr! le passage par où l'on amenait les conspirateurs, l'épaisse et sombre grille du confessionnal des condamnés, la niche du crucifix et encore la place de la torche qui l'éclairait, la porte de l'escalier par où l'on faisait passer le corps des suppliciés pour les jeter dans le canal. Le *Pont-des-Soupirs*, qui est près de cet endroit, est très parfaitement nommé, on le conçoit. Ah! Venise la belle et la sombre! Venise dorée et étincelante à la surface, mais pleine de gémissements dans ses profondeurs!

VENISE (SUITE)

Dimanche, 15.

Une musique de régiment est passée ce matin sur la Piazza; quel beau cadre pour une musique militaire qui joue des airs joyeux : le soleil étincelant, les étendards aux couleurs italiennes qui flottent dans les airs, suspendus aux mâts plantés devant le portail de Saint-Marc, cette place grandiose!

Nous nous sommes promenés à pied un peu. Nous sommes déjà connus sur la Piazza, puisque nous avons reçu quelques coups de chapeau des boutiquiers et des cafetiers. A Venise, on est bien un peu les uns sur les autres, il ne faut pas l'oublier. Nous avons vu *Santa Maria dei Scalzi* et le joli pont du Rialto. Tout près se tenait un marché : les échoppes, les boutiques et les étalages en plein vent étaient groupés dans le plus curieux désordre; on y avait improvisé des tentes contre le soleil, et cela avec les mille couleurs du costume, les types artistiques de plusieurs femmes du peuple, c'était encore l'Orient.

Nous avons voulu assister à la messe à Saint-Marc, à une heure; c'est la messe de l'aristocratie, comme un peu partout; c'est le rendez-vous de la noblesse vénitienne et du beau monde; à cette heure-là, l'église a l'aspect d'un salon royal le jour d'une grande réception; cela est dû sans doute à ce qu'on laisse le milieu de la cathédrale presque vide; on va et on vient sur les côtés, et tous ainsi peuvent se voir à l'aise sans être confondus. J'ai vu ce dimanche-là, à Saint-Marc, les seigneurs et les dames des tableaux de Véronèse.

Dans les coins, des gondoliers pieds nus et genou en terre. Les portes de la cathédrale sont en bronze avec des ornements en argent; les images en argent sont toutes polies et usées par les baisers du peuple. Et comme ce peuple-là aime la Madone! Devant sa statue nous avons aperçu maintes grandes dames en robes de soie, agenouillées; quand elles ont fini de prier, vite un baiser à l'image vénérée.

Nos courses dans les rues, ou plutôt les ruelles de Venise, nous donnent occasion de remarquer mille détails intéressants; ils ne se donnent point la peine ici de descendre pour aller chercher leurs provisions ou leurs correspondances : on fait glisser le long du mur un panier *ad hoc*, et la fruitière ou le facteur y placent leurs denrées ou leurs journaux.

Course au Lido pour voir l'imprimerie des Arméniens et la grande mer libre, qui n'est plus enserrée dans les lagunes; visite à une église des faubourgs : un chapelain fait le catéchisme à de pauvres petits apprentis en se promenant de long en large dans la grande allée; visite à l'arsenal et au *Bucentaure*.

Nous partons le soir de ce dimanche et faisons route avec deux étudiants de Padoue qui dissertent bruyamment sur le dernier discours de... Paul de Cassagnac.

LORETTE

Lundi, 16.

Bologne a été vue en dormant; nous sommes arrivés à Lorette dans la matinée. Je donne un bon point à mon compagnon pour m'avoir bien fait rire, à une gare de bifurcation, je ne sais plus où; nous devions attendre là une heure ou deux pendant la nuit; je l'avais perdu de vue un moment : tout à coup j'ai vu un Anglais grotesque qui m'interpellait en français bouffon, avec de grands gestes insulaires; j'y ai été presque pris. Voilà ce qui s'appelle charmer les longueurs de la route et les ennuis du voyage.

A Lorette, en arrivant, autre scène burlesque : tous les cochers des hôtels de la ville sont dans la cour de la gare; ils ne se donnent pas le mal de venir happer le voyageur dans la salle d'attente, ils restent tranquillement dans leur affreux et poussiéreux véhicule et ils attendent; mais aussitôt que nous avons mis le nez dehors, alors ils se lèvent tous comme un seul homme, prennent une grosse pancarte sur laquelle est écrit le nom de leur *albergo* et se mettent à le crier à tue-tête; ce sont des derviches hurleurs, c'est une meute affamée. Nous nous décidons pour l'*albergo della Pace,* pensant ainsi que nous aurons un moment de répit après cette bagarre.

La ville n'est pas tout près du chemin de fer, et nous avons le temps de voir la *campagna* en montant vers Lorette. Sur la route, deux jolies fontaines orientales; des Rebecca viennent y puiser avec de belles amphores en cuivre rouge, à forme antique, à base large pour poser commodément sur la tête et le coussinet; des Éliézer viennent leur demander à boire; c'est biblique; les *contadine* et les laveuses ont des vêtements aux riches couleurs. Dans les champs, les paysans portent, pour le travail, de longues chemises, *vestis talaris*. Sur tout ce paysage plane un ciel bleu à faire mourir d'aise un poète.

Bien entendu, notre première visite a été pour la *Santa-Casa*. C'est un pieux pèlerinage où nous avons éprouvé de douces et profondes émotions; j'avais vu Nazareth, Lorette m'a fait autant de plaisir au moins. A Nazareth, ce sont les fondements de la maison de Marie; ici, n'est-ce pas la maison même, apportée par les anges du ciel; Gabriel en tête, sans doute, et le fait de la translation n'est-il pas entouré de toutes les garanties possibles, n'en déplaise aux impies et aux contradicteurs de la critique moderne? Bref, les *coronare* ou marchands de chapelets ont été très aimables pour nous; nous avons assisté à la grand'messe et à la procession du saint Sacrement; nous avons entendu de belle et bonne musique, toujours un peu étrange, et qui me rappelait la musique des franciscains au Saint-Sépulcre de Jérusalem; nous avons fait connaissance avec le *maestro*, l'organiste de la basilique, qui porte un grand nom : *Archimedo*...

Après ce pieux devoir accompli, déjeuner à la *Pace*, promenade en dehors de la ville et sieste au pied du mur élevé d'un vieux palais apostolique. Toujours le ciel bleu de turquoise, l'Adriatique en face de nous, au loin, plus bleue encore; ce que nous voyons là devant entre la mer et la montagne, c'est le champ de bataille de Castel-Fidardo. Honneur et gloire aux braves qui sont tombés là en combattant le bon combat! La chaleur est pesante, le silence de la méridienne se fait peu à peu...

De douces voix dans les airs nous réveillent; nous regardons en levant les yeux à travers les branches des

Notre-Dame de Lorette.

arbres sous lesquels nous avons cherché un peu d'ombre et d'abri : de jeunes *coronare* sont juchées très haut à une fenêtre et nous souhaitent la bienvenue; d'autres surviennent; il y en a de jeunes et de vieilles, de bien faites et de mal tournées, de sérieuses et de gaies. Nous voilà à causer; c'est un dialogue à nul autre pareil, en italien fantastique, en style espagnol et moyen âge, un feu roulant de haut en bas. Nous envoyons notre nom et notre qualité; les *coronare* font descendre une corbeille pour prendre notre missive; en retour elles nous envoient aussi leurs noms : Alessandro Mazzoni, Clorinde Cingolairi-Vedova, **Mazzoni Giuseppe, Brignocoli Sante, Brignocoli Maria, Bighetti Rebecca,** tutti di Loreto (marche).

On aura pu remarquer que dans cette liste il y a deux noms masculins. Un beau jeune homme de vingt à vingt-cinq ans ne tarda pas à descendre vers nous pour causer de plus près; nous eûmes bientôt fait sa conquête à l'aide d'un cigare Cavour; un charmant *bambino* vint bientôt le rejoindre. Là-dessus, mon compagnon veut lui faire le catéchisme et l'interroge sur les principes de la religion. Le petit, qui avait à peine huit ans, fait des réponses parfaites. Il y eut de tout dans cette petite aventure : de joyeux éclats de rire, des lazzis et des attendrissements. Le *bambino,* qui nous avait permis d'apprécier l'instruction religieuse solide donnée au peuple italien, ne pouvait plus nous lâcher; il voulut nous montrer une chapelle voisine appartenant à une confrérie des âmes du Purgatoire; quand nous le quittâmes, il couvrait nos mains de baisers.

Le train que nous prenons à Lorette pour aller à Naples est *très omnibus,* c'est-à-dire qu'il va plus que lentement; nous avons tout le loisir d'admirer les vues de la mer, les rochers, la plage sablonneuse, les jolies baies, les voiles rouges sur l'immense nappe bleue. Le train s'arrête à chaque station un temps si long, si long, qu'il serait permis à tous les voyageurs, entre l'arrivée et le départ, d'aller prendre un bain de mer. On contrôle nos *circolari : Favorisca biglietti, signori! Partenza!* Nous comprenons néanmoins un peu plus que ces deux mots-là; nous lions même conversation avec le conducteur et parlons vapeur et mécanique; encore un peu, et il allait nous inviter à monter sur la locomotive. Le pays nous paraît vraiment enchanteur; les montagnes bordent la mer, la ligne ferrée passe au pied et tout sur le bord de l'eau. Sur le soir, la foule vient en masse voir passer le train; nous remarquons nombre d'ecclésiastiques parmi les curieux.

PESCARA. — ARRIVÉE A NAPLES

Mardi, 17.

Tout le temps en chemin de fer serait trop monotone; nous voulons coucher à terre et passer une nuit dans les Abruzzes. Nous choisissons Pescara, bourg situé sur la côte de l'Adriatique. Il n'y a rien à y voir, mais nous y pourrons probablement reposer tranquillement. On peut dire que nous sommes perdus ici au bout du monde. C'est le calme le plus complet, troublé à peine par le murmure des flots et la brise qui passe sur les oliviers et les orangers. Sur la route, pendant que nous nous promenons un instant à la brume, nous voyons venir à nous un gros char rustique peinturluré; des paysans passent et nous saluent. Les Abruzzes ont joué, depuis un temps immémorial, un tel rôle dans le roman ou l'opéra-comique, que nous ne sommes pas bien rassurés quand un de ces paysans nous accoste pour nous demander du feu. Après une limonade champêtre, un quart de citron dans un verre d'eau fraîche, prise dans une taverne où nous nous étions réfugiés de peur des *brigands,* nous nous repliâmes en bon ordre vers la *locanda* où nous voulions dormir. En entrant dans l'immense chambre qui nous était assignée, notre premier soin fut de tirer les verrous de sûreté et de faire une perquisition générale dans les placards et sous les lits; nous plaçâmes nos poignards et nos revolvers sur nos tables de nuit et sous notre oreiller, et nous nous endormîmes d'un sommeil profond, troublé à peine par quelques cauchemars.

Le lever fut un peu tardif, et, aussitôt hors du lit, vite à la côte pour voir les bains de mer de Pescara. Pendant que nous cherchions des cailloux et des coquillages, les baigneurs arrivèrent en costume étrange : pas un fil sur le corps. Ceux qui s'habillaient à aussi peu de frais étaient les jeunes *citadini* de la localité; de bonnes petites figures de brigands en herbe, puisqu'ils en voulaient déjà à nos bourses. Ces gamins-là se jetaient alternativement dans l'eau ou dans le sable et la boue, puis derechef dans l'eau pour se laver : après tous ces bains successifs, ils nous appelaient à grands cris : *Signori! Signori!* et exécutaient sur la plage des pirouettes mirifiques.

Nous remontons en wagon, où nous nous trouvons avec un ingénieur allemand qui va à Brindisi et à Salonique; il est aimable et expansif même, par exception; alors, nous causons en trois ou quatre langues : en français, en italien, en allemand et en latin. Pendant cinq heures le train se promène à travers de nombreux tunnels et des rochers battus par les flots. C'est un peu la même route que celle de la Corniche, entre Nice et Gênes. La mer est aussi bleue que possible; nous traversons à chaque instant des pêcheries; nous entrevoyons le massif du mont Gargano, puis des plaines immenses. C'est la Syrie transportée en Europe; mais ici, les grands bœufs qui vont par troupeaux animent le désert; les trompes sonnantes des bergers et des pâtres font entendre au loin leurs appels mélancoliques. Et je ne me lasse pas de regarder par la portière les fontaines solitaires, les castels austères et les donjons en ruines, les torrents, les montagnes et les neiges, et, plus près de la voie, ces fermiers à cheval qui sont campés si fièrement sur leurs selles arabes. Un gentil petit Napolitain, M. P***, qui vient de monter avec nous,

nous donne quelques renseignements sur la ville, où nous arrivons vers 10 heures du soir.

On nous avait dit qu'il fallait nous donner de garde au débarcadère; on avait raison : c'est un siège où l'on risque fort d'avoir le dessous. La tribu des *lazzaroni* déploie son front de bataille à la lumière du gaz, et nous éprouvons quelques transes malgré notre impétueuse sortie, parce qu'au premier pas nous risquons déjà beaucoup. Oh! ces yeux noirs pleins d'éclairs, ces dents blanches et aiguës, ces longs bras et ces mains crochues!... Mon compagnon montre un flegme terrorisant; pour moi, je me réfugie dans deux ou trois plaisanteries. Je vis bientôt que c'était le meilleur moyen de me concilier nos adversaires; les Napolitains ne résistent pas à un bon mot; ce fut le premier étonnement des *lazzaroni* depuis au moins un siècle. Les étrangers ne parlent guère l'italien ou le parlent mal; ils sont débordés par la foule, assourdis par ce vacarme méridional, ils capitulent et se laissent conduire sans résistance à une voiture dont le cocher est d'accord avec toute cette *canaglia*. Il n'est pas rare que les garçons d'hôtel, qui sont d'accord aussi avec la tribu des cochers et la tribu des rien du tout, voient arriver une voiture bondée de monde. Il y a le cocher; à côté du cocher un *lazzarone* qui a retenu la voiture; dans la voiture même, debout, par respect, un *lazzarone* qui a aidé le voyageur à monter dans le véhicule; derrière la voiture, accrochés à ses flancs, deux *lazzaroni*, l'un qui porte un carton à chapeau, un autre qui tient la canne du voyageur; puis le voyageur, qui ne sait plus où se mettre et qu'on appelle pompeusement *excellenza, seigneuria illustrissima*, etc. etc.

« Très chers! que voulez-vous donc? Nous sommes Italiens tout comme vous; nous habitons Gênes et Turin; vous êtes bien bons de vous occuper ainsi de nous, mille grâces! Par Bacchus! vous êtes toujours les mêmes; mais vous changerez peut-être un jour; qui le sait? *E chi lo sa?* »

Ainsi s'exprimait votre serviteur pendant que son compagnon et lui-même essayaient de se frayer un chemin jusqu'à la voiture qu'ils avaient hêlée; ils marchaient entre une double haie de figures grimaçantes, et, en s'asseyant sur la banquette, votre serviteur disait toujours :

« Très chers, vous nous prenez pour des évêques ou des cardinaux pour le moins. Puisque vous nous avez conduits ici en procession, veuillez donc recevoir ma bénédiction! »

A ce dernier trait, la galerie s'épanouit; ainsi sont ces grands enfants, une plaisanterie les désarme; ils durent me sacrer dans leur cœur, non pas évêque, mais Napolitain. Le cocher touche ses chevaux du bout du fouet; un quart d'heure après nous descendions à l'*albergo de l'Allegria,* installée dans un ancien couvent, sur une petite place et au milieu de la *Via di Toledo,* la principale rue de Naples.

NAPLES

Mercredi, 18.

Il était quatre heures du matin quand nous nous réveillâmes, tous les deux couchés sur le dos dans nos deux lits côte à côte et les yeux à demi clos, fixés sur le plafond peint en rose et en vert, agrémenté d'une foule de fleurs et d'arabesques à la mode italienne. Dans la rue, en bas, on faisait grand tapage. « Pour sûr, nous dîmes-nous, c'est un incendie ou quelque chose comme cela. » Et nous sautâmes hors du lit..., et nous ouvrîmes nos fenêtres, et nous nous penchâmes sur le balcon..., et nous ne vîmes rien que des porteurs d'eau et des marchandes de poissons qui se souhaitaient le bonjour amicalement, mais non silencieusement. En face des Napolitains et devant leur vacarme extraordinaire, les deux touristes se regardent un instant et se tordent de rire à devenir bleus. Voilà pourtant la vie à Naples; à peine un rayon de soleil s'est-il glissé derrière les tours de la Chartreuse de San-Martino, que toute la ville est en joie; ces gens-là ne peuvent pas dire *oui* ou *non* sans le crier sur les toits et sans faire le télégraphe avec leurs bras.

Nous sommes sortis et nous allons déjeuner les pieds dans l'eau, c'est-à-dire dans un restaurant à deux francs cinquante centimes, établi en bas du quai; nous sommes là au milieu du peuple, des matelots, des marchands forains et des pêcheurs de *frutti di mare*. Il nous faut naturellement acheter des huîtres et faire acquisition de broches en corail, d'épingles en or faux et de colliers en lave du Vésuve horriblement sculptés. Une consolation, c'est que ça ne coûte pas cher; on achèterait cinquante francs toute la boîte qu'on vous offre pour cinq cents.

Pendant ce temps-là une légion de moutards envahit les environs. Seigneur! que d'enfants il y a en Italie et ailleurs! Tout près de nous une rampe d'escalier en pierre qui descend du quai jusqu'à la mer; le dessus de la rampe est large et plat. N'ont-ils pas imaginé, après avoir pris leur bain, à peu près nus comme la main, de s'étendre les pieds des uns à la tête des autres, de haut en bas, en chapelet?... Une décoration égyptienne.

Promenade aux villas de Naples; j'appelle ainsi une course sans but, à l'aventure, que nous faisons n'importe où, en suivant la Chiaja; les bouquetières courent après nous avec leurs œillets; les chevaux nous marchent presque sur les pieds; ces nobles animaux sont couverts d'une multitude d'ornements de cuivre; leur harnais est comme une batterie de cuisine. Les cochers ont un drôle de genre ici; ils vous arrivent cinq ou six sur le dos, poussent leur bêtes, au risque de vous écraser, et sollicitent la clientèle à grands cris. Quels braillards que ces gens-là, mon Dieu! pas de tarif, ou s'il y en a un c'est comme s'il n'existait pas; une cours coûte dix francs ou vingt sous, ça dépend de l'habileté du cocher ou du voyageur.

Nous aurions voulu voir le prétendu tombeau de Virgile, nous ne vîmes que l'aspect étrange et effrayant de la grotte-tunnel de Pausilippe; un gros rocher aux noires profondeurs, et tout au bout, bien loin, un trou blanc, une échappée de ciel bleu.

A cet endroit-là, un moine gyrovague, comme il y en a tant en Italie, s'approche de nous pour causer... en français, s'il vous plaît. Le pauvre moine ne paraissait pas heureux, lui pas plus que les autres religieux chassés de leur couvent par la révolution italienne. C'était un franciscain, vêtu d'une grossière robe de grosse laine brune, la tête nue, les pieds nus, un gros parapluie sous le bras. Il habitait dans sa famille, quelque pauvre famille des faubourgs sans doute, et je suppose qu'il cherchait à gagner sa vie, hélas! comme tant d'autres qu'on rencontre encore à chaque pas dans toutes les villes du royaume. Le fait est qu'il nous offrit ses services pour nous conduire à Pompéi, au Vésuve, pour nous procurer des chevaux. Je faillis accepter; mais mon ami D*** jugea autrement, il désirait être tranquille et faire ses excursions bien à son aise; il m'avoua avoir déjà pris ses mesures... Le franciscain nous quitta, mais non pas les mains vides... D*** est si bon!...

Nous revînmes par *Pedigrotta*, la *Margellina*, *Chiaja*, *Santa-Lucia*, la *Villa-Reale*, tous noms très connus de tout le monde; un mélange de palais et d'échoppes bâties sur le quai, avec une vue! une vue! une vue! sur le golfe, les îles, les promontoires, les villas, les villages et les pentes noires et bleues du vieux fumeur, ce Vésuve, qui ne se lasse jamais d'envoyer des bouffées de fumée vers la voûte du ciel. Il est peu de spectacle aussi beau, et je ne m'étonne pas trop qu'on ait dit :

Vedere e poi mori.

A pied, en tramway, nous sillonnons Naples en tous

sens; ah! Naples est grand! quelle suée sous le soleil! Nous tâchons de voir quelques-unes des plus belles églises; il y a trois cents églises et chapelles dans cette ville. Un

Naples.

enterrement passe à côté de nous; la bière est portée par des pénitents en cagoule grise, percée de deux trous à la hauteur des yeux; des pénitents suivent, un autre précède portant la croix.

A Naples, tout le monde est dans la rue, positivement; les artisans travaillent dehors; sur le pas des portes, des cordonniers sont assis tirant le fil; des menuisiers rabotent sur leur établi; des chaudronniers frappent à tour de bras sur leurs casseroles; des marchands d'ornements d'églises fourbissent leurs chandeliers de cuivre, et tous s'interpellent, se disputent, plaisantent entre eux avec un bruit assourdissant. Absence totale de trottoirs, et gare aux pieds près des voitures! Dans les églises, le peuple offre un spectacle plein de foi et de dévotion; à Santa-Chiara, toute une famille noble est en prière au beau milieu de la nef, les bras en croix, avec larmes et sanglots et des oraisons très *vocales*. Et puis il faut voir le style méridional de certains *ex-voto* suspendus dans les chapelles; enfin il y a partout une exubérance de vie, des manifestations si en dehors, que l'homme du Nord, plus froid et plus concentré, trouve partout un sujet d'étonnement.

A San-Gennaro (Saint-Janvier), on célèbre les funérailles du cardinal-archevêque de Bénévent; l'affluence est énorme; il est curieux d'étudier la physionomie des groupes autour de ce catafalque énorme, recouvert d'une immense draperie de velours rouge à franges d'or. Le peuple est très familier avec ses prêtres et tous ces *frati* multicolores. Dans les coins du *Duomo* on voit ici un évêque agenouillé simplement sur le pavé, à côté d'une pauvresse; là un homme du port qui se confesse *facie ad faciem* à un prêtre assis sur un siège de bois primitif; quand le pénitent a fini, il baise la main du confesseur.

Dans les rues une foule énorme; on sonne l'angélus ou l'Avé Maria, et nous sommes témoins de l'étrange vivacité de la foi napolitaine. Beaucoup de monde se découvre pour faire le signe de la croix, même les cochers sur leur voiture, en conduisant. Dans les magasins et les boutiques, la Madone a son coin réservé et toujours une lampe allumée et pieusement entretenue devant elle. Les restaurants en plein vent font leurs affaires, surtout les marchands de limonade avec leurs barils et leurs chapelets de citrons suspendus; un respectable abbé s'arrête devant l'un d'eux et demande à boire. Pourquoi n'en ferions-nous pas autant? notre envie d'imitation est satisfaite... Il fait chaud, mais quelle bonne brise!

POMPÉI. — LE VÉSUVE

Jeudi, 19.

Celle-ci, c'est la *journée du Vésuve!* Elle commence mal d'abord; pourquoi? parce que nous nous levons de grand matin, nous allons à la gare pour prendre un billet afin d'aller à Pompéi, et... nous manquons notre train. Trois quarts d'heure de rage, et nous retombons pourtant sur nos pieds et dans notre assiette ordinaire. *Siamo allegri!* tout le monde le dit; il faut bien que ce soit vrai.

Nous avons du reste trouvé une solution dans notre embarras. Nous prenons un billet pour *Torre del Greco*, et bien nous en prend, car nous tombons en pleine foire. Est-ce à cause de l'octave de la Fête-Dieu? je ne sais; le fait est que nous avons sous les yeux une jolie fête de village napolitain.

Nous passâmes là une heure au milieu de la foule et des reposoirs agrestes qui devaient servir à la procession du saint Sacrement; au moins ici le peuple a ses processions qui se peuvent librement déployer au grand soleil de Dieu, sans qu'aucun *carabiniere* (lisez gendarme) ait rien à y voir, si ce n'est pour protéger les honnêtes gens et faciliter la circulation.

Ce n'est pas la propreté qui donnait de l'éclat à cette

fête et à cette foule, c'était bien le soleil. Mais comment pourrait-on être net et propre au milieu de ces laves et de ces cactus, de ces cendres et de ces palmiers? En Orient, dans tout l'Orient, on peut dire qu'on est en pays de poussière; Naples, c'est l'Orient; il faut ajouter Torre del Greco et ses environs, c'est le volcan. Ce village a été bâti tout simplement sur les flancs du Vésuve, sur les dernières pentes du volcan, au milieu des vieilles coulées de lave datant des anciennes éruptions. Cela n'empêche pas les bouquets de pins-parasols d'étendre leurs grands parapluies au-dessus des pampres des jardins, des palais et des villas. On fait du bon vin de ce côté, et la fertilité de ce terrain est légendaire. Encore un coup d'œil sur cette foule bariolée, dans les rangs de laquelle on remarque moult abbés jeunes et vieux venus pour prendre part à la *festa*, et partons pour Pompéi par le prochain train.

Pompéi a une gare de chemin de fer; je dois dire qu'on a bientôt oublié chemin de fer, télégraphe et le reste. Quand on a tourné le dos à la gare et qu'on arrive à la cité antique, on vit toujours, mais dix-huit cents ans en arrière, et comme les Romains du temps de Pline le Jeune. Il se trouve à l'entrée un tourniquet, s'il vous plaît; une fois le tourniquet passé, un soldat vous est octroyé pour guide, et la visite commence en donnant un coup d'œil effrayé sur les débris humains et autres collectionnés dans deux ou trois salles. Ce qui produit le plus d'effet, ce sont les trois Pompéiens entiers et bien conservés, et le pauvre Cerbère, tout retourné sur lui-même, dans les spasmes de l'agonie. Sur les trois cadavres, deux femmes : l'une est une femme enceinte; l'autre, découverte en 1875, est une jeune fille au corps délicat, aux extrémités, les mains surtout, admirablement faites; le troisième cadavre, découvert en 1873, est un homme; celui-ci est remarquable par la figure qui est conservée d'une façon incroyable : un nez proéminent, un visage romain. Ces deux derniers corps ont la face tournée vers la terre ; mais la jeune femme étant presque couchée à plat ventre, il a été bien plus difficile de refaire les traits ;

Pompéi : voie des Tombeaux.

l'homme est superbe. On nous montre aussi du pain et des étoffes assez bien gardés et encore reconnaissables.

En sortant du musée on se trouve sur les voies ou dans les rues de l'antique Pompéi. Remarquez d'abord les traces des roues des chars dans la pierre ; dirait-on qu'il y a deux mille ans que ces traces existent? Maintenant nous allons à l'amphithéâtre, qui est immense ; il pouvait contenir vingt-quatre mille spectateurs ; il est fort bien conservé, d'un côté du moins, où l'on voit des gradins alignés du haut en bas. Nous cueillons dans l'arène quelques petites fleurs rouges, filles peut-être du sang chrétien.

Nous allons ensuite chez Pansa, chez Salluste, chez Diomède; nous visitons consciencieusement basilique, prison, théâtres tragique et comique, palais, temples, forums. Ce qu'il faut faire à Pompéi, en arrivant, c'est, je crois, de prendre la vue générale, le panorama d'ensemble, puis naturellement voir les détails ; on ne devra pas omettre les curiosités suivantes :

La basilique du forum,

Le temple de Vénus et son magnifique portique,

La galerie gauche du forum,

L'ensemble du forum, ayant comme fond le Vésuve,

Le forum vu depuis le temple de Jupiter,

L'arc de triomphe,

Le panthéon,

Le temple de Mercure et son joli autel,

La fontaine et la rue de l'Abondance,

La maison de Marcus Holconius,

La maison de Cornelius Rufus, avec de beaux bas-reliefs et des peintures murales,

La façade gauche des Thermes,

L'intérieur des Thermes, si bien conservé, et ses sculptures,

Le forum triangulaire et le temple d'Hercule,

Le quartier des soldats et sa longue colonnade,

Le théâtre tragique, qui donne une idée complète de ce genre d'édifices,

Le temple d'Isis, presque entièrement debout,

La rue de Stabie,

La maison de la nouvelle fontaine ; jolies sculptures,

La maison d'Orphée, avec la fameuse fresque qui lui a donné son nom,

La maison de Marcus Lucrèce,

La maison des chapiteaux coloriés,

La maison du Faune,

La rue de la Fortune,

Le temple de la Fortune,

L'arc de triomphe, rue de Mercure,

La fontaine aux masques tragiques, très complète,

La maison du poète tragique,

La maison de Pansa et celle de Salluste, déjà nommées,

Le four et les meules à blé,

La porte d'Herculanum et sa jolie vue,

La voie des tombeaux,

La maison de Diomède.

Ne pas négliger les peintures et les mosaïques; on sait que certaines décorations de salles à manger ou de chambres à coucher sont idéales d'élégance et de légèreté. que d'autres sont de purs chefs-d'œuvre, comme la *Galathée*, la *bataille de Darius et d'Alexandre* (Issus), le *sacrifice d'Iphigénie*, la *Marchande d'amours*, la *Bacchante*, les *Danseuses, Diane et Actéon*, etc., etc.; mais beaucoup de ces merveilles pompéiennes ont été transportées au musée de Naples.

Nous eûmes la bonne fortune de voir travailler aux fouilles; on avait découvert une grande maison avec des colonnes aussi belles que les plus belles, et ce n'est pas fini; la moitié de la ville est sous la cendre du volcan; on pourra y rencontrer des choses inattendues. M'est avis que, malgré la bonne volonté des Italiens et une certaine habileté de leurs ingénieurs, si ces fouilles de Pompéi étaient entre nos mains, dans deux ans l'ouvrage serait fait et proprement fait. Mais, Italiens de mon cœur, pourquoi vous gêner? on ira toujours à Naples et on ira voir ce que vous faites du côté du Vésuve, travaillez doucement, comme disent les Chinois : *man-man-tseou*; ne faites même rien du tout; on sera enchanté de verser son argent au tourniquet. Vous le savez bien, *carissimi*, et à coup sûr vous avez fait ce raisonnement italien, donc, ne vous gênez pas !...

Nous avons touché du doigt dans certains endroits de Pompéi la corruption effrontée de ces païens; nous sommes entrés dans leurs boutiques, nous avons vu ce four fameux qui pourrait encore servir ce soir, si on voulait; cette échoppe de teinturier, où le soldat qui nous conduisait gratta le sol et fit pour nous la cueillette d'un savon vieux de deux mille ans; — nous nous en servîmes sur l'heure à la prochaine fontaine. — Nous nous sommes promenés sur la voie des Tombeaux, admirant beaucoup le siège circulaire sur le sépulcre de je ne sais quelle prêtresse publique, et les tombes patriciennes et les *columbaria*. Nous finîmes par les caves de la maison de Diomède; beaucoup de caves modernes et des mieux montées pourraient baisser pavillon devant celles-ci, en face de ces milliers d'amphores rangées le long des murs. Nous nous assîmes aussi à la table de Diomède...; pas à l'ancienne, mais bien à la nouvelle, à celle de l'industriel qui a mis au-dessus de sa porte cette enseigne : *Hôtel de Diomède*.

Pendant que nous mangions, notre soldat, mis en belle humeur par une bonne *mancia*, nous procurait des chevaux et des guides pour l'ascension du volcan. On montait à cheval à 1 heure 1/2 de l'après-midi. Ce furent deux heures de galop furibond au milieu d'un épais nuage de poussière, sous un ardent soleil et dans un paysage qui rappelle celui de Jaffa à Ramleh, en Palestine. Mon ami avait une vraie rosse; ma monture était meilleure, mais la selle était si mauvaise, que j'en souffrais beaucoup... On fit une étape chez un fermier pour demander et boire une bouteille de *lacryma-christi*; était-ce de ce célèbre vin? n'en était-ce pas? *e chi lo sa?* Pour moi quand je suis hors de France, les vins me paraissent toujours bons, parce qu'ils sont naturels; ils valent moins que les bons vins de France, introuvables et inachetables, mais ils valent incomparablement plus que nos vins ordinaires; s'ils sont d'Espagne ou d'Italie, leur saveur sucrée, leurs tons dorés me séduisent infiniment, je suis très satisfait et ne réclame rien de plus.

On remonte à cheval; une heure d'ascension au pas maintenant, car la pente devient rude; les bêtes soufflent et suent; nous marchons dans deux pieds de cendres, parmi les excoriations volcaniques et les coulées de lave de 1866. La rampe est bien dure, et nous jetons des regards impressionnés sur les flancs infernaux de ce mont terrible; c'est noir et brûlé, et ça fume encore et toujours.

Les bêtes refusent de marcher; on descend de cheval, et nous nous trouvons tout à coup en face d'une dizaine d'hommes noirs, qui surgissent de derrière les replis du terrain ou les blocs de lave sombre. Pour le coup ce sont bien des brigands; ils en ont l'aspect et la tournure; leur chef a même une noble tête; le cadre mériterait d'être peint par Salvator Rosa; d'autres que nous vraiment ne seraient point rassurés, car, après tout, nous sommes bien à la merci de ces gens-là, qui semblent parfaitement à l'aise chez eux, et bien à l'abri du sergent de ville et du gendarme. Un coup de poignard au riche voyageur; puis on lui prend sa bourse bien garnie, puis on le prend lui-même et on le jette dans quelque crevasse, ou on le porte dans le ruisseau de lave ardente, et tout est dit; l'impunité est assurée; il n'y a qu'un homme ou deux de moins : petite affaire !

Eh bien! vraiment nous avons songé à tout cela un instant, et nous avons roulé ces pensées dans nos têtes; puis nous nous sommes enhardis quand nous avons vu qu'on ne voulait nous prendre qu'une très petite partie de notre pauvre argent, moyennant quoi encore on nous escorterait jusqu'au haut du volcan. Et nous avons même eu le courage et la force de discuter; et nous avons voulu montrer que les Parisiens ne sont pas si bêtes qu'on pourrait le supposer.

Les brigands mettent donc les pouces et se métamorphosent en guides. Allons! travaillons! On gravit une perpendiculaire; naturellement c'est à la corde. A la corde! comment? Un homme monte devant vous, avec une corde sur l'épaule; vous montez derrière lui en vous cramponnant à l'extrémité du bout de corde qu'il tient : voilà toute la chose; mais c'est drôle, allez ! et... ça dure trois quarts d'heure... et... dans la lave broyée..., et par les chemins des Anglais ascensionnistes... On sait que messieurs les Anglais ne suivent guère les routes frayées quand ils veulent absolument voir quelque chose d'un peu extraordinaire et qu'ils cherchent l'*excentric*.

Tout autour de nous des efflorescences de soufre, d'énormes quartiers de roc vomis par le volcan... Ouf! nous y sommes; mais avant de souffler, on admire d'un côté, et on frémit d'épouvante de l'autre. Si nous jetons un coup d'œil sur le panorama du golfe, quel spectacle grandiose! Naples, le Pausilippe, Torre dell' Annunziata, Torre del Greco, Portici, Pompéi, Castellamare et Sorrente, les îles de Capri, d'Ischia et de Procida, la mer.

Et maintenant à nos pieds quelle sublime horreur! le cratère : une cuve de trois cents mètres de diamètre, et au milieu le grand cône d'éruption qui tonne et qui vomit.

Mon compagnon a une envie d'Américain, coureur des mondes : il veut descendre dans le cratère, rien que cela ! on ne le fait presque jamais, bien entendu. Les guides se récrient; on parlemente : ils se décident; pas de danger pour la vie, mais ce sera rude. Allons-y donc, et vivement! Ce n'est pas une descente, c'est une dégringolade de cinquante mètres de haut sur un plan incliné de cendres et de charbon.

En bas, à cette heure; le fond de la cuvette : supposez une mer glacée dans la tempête, c'est cela; seulement c'est chaud et non de glace; c'est noir et non pas blanc;

mais ce sont bien les mêmes vagues pétrifiées. A droite et à gauche six petits cônes vomissants comme le grand central. Les pieds nous brûlent; nous sommes voisins de colonnes d'air brûlant à 100° centigrades. Nous entendons des détonations formidables; le sol craque et se brise; dessous c'est l'enfer. *Diavolo! diavolo!* s'écrient les guides enthousiasmés; un d'eux prend mon bras et veut le poser sur un des petits cônes; je fais une retraite précipitée, comme on pense bien.

On aperçoit çà et là la lave rouge et gluante sous les couches supérieures durcies; l'œil plonge avec effroi dans les crevasses qui laissent entrevoir des torrents de feu; nous traversons le cratère d'un bout à l'autre. Pour en sortir il faut passer le gué; seulement ce n'est pas de l'eau, c'est du feu. Vrai quart d'heure de Rabelais; pas moyen de reculer; nous n'aurions plus le courage de revenir sur nos pas et d'affronter le voisinage de ces cônes d'éruption, qui pourraient nous tuer par une décharge plus meurtrière. *Presto! presto! corragio!* crient les guides. Amis! vous seriez morts de peur; mais nous, nous sommes passés : comment? ne me le demandez pas, je ne saurais vous répondre, je n'en sais rien, non! Mais en pareil cas on est content que ce soit fini, et on ne recommence pas. Qu'avions-nous accompli là? Je l'ai su, je l'ai vu depuis : une action héroïque ou téméraire, une excursion scientifique, que beaucoup de savants ne feraient pas.

On se tâte, on compte ses avaries : mon ami n'a plus de semelles, moi je n'ai plus qu'une moitié de parapluie; il me semble que le chef des guides n'a plus de moustaches; roussies! brûlées! On fait le tour du cratère tout à son aise maintenant, mais en haut de la cuvette et non dans le fond. Le grand cône d'éruption est majestueux d'aspect; il fait toujours entendre des roulements et des coups de tonnerre; il lance d'innombrables projectiles, des flammes d'un rouge sang, de larges nuages de fumée; à côté de lui nous observons un petit cône rageur, vrai tube de locomotive : il siffle, tousse, crache ; ça donne le frisson.

Nous regardons la lave ardente du gué passé ; son lit est large et profond ; nous mesurons par à peu près et des yeux ; il y a bien cinq mètres de large ; et ça chauffe, on peut m'en croire ; quelques *soldi* placés dans un morceau de lave, tirée à grand'peine de cette fournaise, passent immédiatement au rouge vif. La coulée ardente opère sa descente majestueuse et puissante sur les flancs du grand mont. Qui oserait lui dire : « Arrête ! »

Il faut descendre aussi, nous ; et nous jetons un dernier regard de regret sur un de nos champs de gloire ; mais on ne descend pas du Vésuve, on en tombe ; on s'assied dans la cendre, au bord de la cuvette, presque sur l'arête supérieure et extérieure, la face tournée vers le golfe ; il n'y a plus qu'à se donner une légère impulsion et à se laisser aller ; vous arrivez presque sur le dos de votre cheval qui est à mi-côte et qui vous attend ; vous tombez du ciel, — on devrait dire de l'enfer, — entouré d'un nuage de... poussière horrible, et heureux êtes-vous si vous possédez encore assez de fond de culotte pour pouvoir rentrer honnêtement en ville ; car inutile de dire que les vêtements qu'on a emportés là-haut sont absolument sacrifiés.

Mais le spectacle s'adoucit en descendant ; voici de nouveau la verdure ; qu'elles sont belles les vignes du lacryma-christi ! nous ne pouvons guère faire autrement que de nous reposer une seconde fois à leur ombre. L'homme qui nous apporte les deux *bicchieri* et la *botiglia* a une femme qui se tient sur le pas de la porte avec un enfant sur les bras. Les peintres n'ont pas besoin de courir au loin chercher des modèles ; en voici un tout trouvé, pour faire une admirable madone, une *Vierge au Raisin*. Nous l'admirâmes pendant quelques minutes. Plus loin, de charmantes petites filles courent derrière nos chevaux en nous demandant quelque menue monnaie. Nous leur jetons ce que nous avons, autant pour nous en débarrasser que pour le plaisir que nous avons de regarder en passant ces jolis petits minois. Où donc prennent-ils ces figures par ici? Je n'ai jamais vu de plus beaux types qu'aux environs de Naples.

On remonte enfin dans le vulgaire wagon moderne, à Torre dell' Annunziata; c'est alors que les deux voyageurs s'aperçoivent, après leurs fatigues équestres, qu'il y a une question sociale : l'équilibre des choses est difficile à trouver. On approche de Naples; la molle cité a d'innombrables diamants au front avec ces lignes de gaz qui entourent ses quais; ses pieds baignent dans la mer bleue; du ciel Vénus la contemple, et le rouge Vésuve la menace.

NAPLES. — SAN MARTINO

Vendredi, 20.

Le matin, repos. Dans l'après-midi visite à *San Martino*. Il faut monter sur une colline qui s'élève au-dessus de la ville, et qui est couronnée par un beau monastère, une Chartreuse, aujourd'hui, hélas! dépeuplée de ses pieux habitants. En visitant le monastère j'arrivai à une magnifique salle, revêtue de marbre, en haut, en bas, sur les parois. Il y avait là la plus belle collection de reliques qu'on puisse imaginer : elles étaient rangées symétriquement, non plus comme aux catacombes, dans des cercueils de pierre, mais dans des châsses superbes faites de métal précieux, le nom du saint ou du bienheureux écrit au-dessous. J'étais sur la montagne, plus près de Dieu, et je pouvais contempler à nouveau l'admirable panorama du golfe. En bas la ville, avec ses palais et ses églises; à gauche, le volcan; en face et au loin, la mer. Je voyais au-dessus de moi briller le ciel radieux, et, à travers les fenêtres grandes ouvertes, le soleil venait se jouer dans la salle sur l'or et l'argent et les reliques des saints. J'ai pu croire un instant qu'un coin du paradis était entr'ouvert à mes regards; voilà comment je comprends le culte de ces serviteurs de Dieu; mais on ne peut le trouver ainsi compris que dans la terre classique des saints et des martyrs de la foi et de la dévotion.

Ensuite, visite au musée, où je reste muet d'admiration devant l'*Hercule Farnèse*, l'*Orateur*, la *Vénus*, la *Psyché*, etc.; on y voit aussi le *Taureau Farnèse*, que je trouve bien moins beau, malgré les proportions du groupe. Belles statues des empereurs romains; belles statues équestres trouvées à Herculanum; admirables inscriptions gravées sur le marbre et sur la pierre; collection précieuse de vases antiques, peintures pompéiennes, fresques et mosaïques inestimables, au premier rang desquels il faut ranger la *Bataille d'Issus;* collection de manuscrits trouvés à Pompéi et déchiffrés tous les jours par de laborieux savants; peintures modernes de grande valeur : tel est le musée national, qui a sa place marquée dans les premiers musées du monde, grâce surtout aux antiques et à Pompéi.

Nous étions bien fatigués ce jour-là, à cause de notre journée de la veille; pour être tranquille, je me réfugiai le soir, vers la nuit, dans une église; j'y étais à peine depuis cinq minutes, que sous mon nez, à ma barbe, je vis un affreux *ladrone* décrocher dans une chapelle une lampe d'argent, et se sauver dans la rue. Mais l'alerte avait été donnée par quelques personnes qui se trouvaient dans l'église; je me précipitai vers la porte : tout le monde sortait hors des maisons; une partie de la foule poussait des cris horribles; l'autre courait sur les traces du voleur : certainement la rue présentait l'aspect qu'elle doit présenter aux jours des grands émeutes populaires. Reprit-on le *ladrone* et la lampe d'autel? Je le crois.

SORRENTE

Samedi, 21.

J'ai un projet à moi ; pour nous reposer bien, nous allons prendre une de ces grosses barques à voile omnibus, appelées *coches d'eau*, et nous irons à Sorrente. Nous cherchons donc sur le port, nous interrogeons, nous trouvons, nous montons à bord et nous sommes installés à la place d'honneur ; c'est fort pittoresque dans le bateau : on y trouve des jeunes gens du monde, — c'est nous, — des matelots basanés, d'affreux marchands forains, de vieilles femmes accroupies, le nez dans le menton et le menton dans les genoux, de brunes *contadine* et de très jolis petits *ragazzi* aux cheveux noirs comme l'ébène, au pur type napolitain.

La brise est bonne, nous avons vent arrière, et nous naviguons de conserve avec deux bateaux magnifiquement peinturlurés ; tout à coup un matelot prend une boîte en fer-blanc, confectionnée *ad hoc*, et se met à faire la quête *pour les âmes du Purgatoire*, afin d'obtenir d'elles une bonne traversée. O Italie classique! comme te voilà bien! En dépit de l'unité, de la constitution, de la conscription, de l'expulsion des religieux et de la spoliation du patrimoine de saint Pierre, et le reste, ton peuple est resté le même : simple, naïf, chrétien, bon, fidèle ; c'est nous qui sommes contents, et qui donnons volontiers notre offrande, en ayant soin de le faire avec un air de conviction !

Un *povero piccolino* a le mal de mer ; nous voyons un voisin qui semble chercher des rongeurs humains qui l'obsèdent par trop ; ceci nous gâte un peu la poésie ; pourtant nous avons devant nous un groupe charmant : une tête blanche de vieillard et une tête noire d'enfant, qu feraient tous les deux un bon coup de pinceau. On marche bien ; le golfe de Naples est à gauche, et les îles de Capri et d'Ischia à droite. Soudain le Vésuve se fâche, il s'habille en deuil, il grogne ; nous traversons un grain, et une petite pluie rafraîchissante se met à tomber ; nos jeunes paysannes ont alors une bonne idée napolitaine : aidées des matelots, elles improvisent une tente avec une toile à voile, et nous soutenons la tente avec nos cannes et nos parapluies. Est-ce que le peuple est jamais embarrassé pour quelque chose ? Après le grain, calme plat ; quatorze rameurs se penchent sur leurs avirons ; l'abordage a lieu à *Piano di Sorrente*, un petit village maritime un peu avant Sorrente. Le peuple, — les cent familles, comme on dit en Chine, *pé-sin*, — est là sur le rivage ; notre arrivée est un événement ; quelques *facchini* viennent nous offrir leur dos et leurs épaules pour nous transporter à pied sec sur la grève ; nous acceptons très volontiers, et nous voilà à terre.

Du dos des *facchini* nous passons sur le dos de deux maîtres Aliborons ; « les ânes sont la monture du pays, » disent les guides ; mais il ne faut pas toujours se fier aux guides, entendez-vous, Bædecker ? Ah ! l'abominable course ! Mon pauvre D*** était en pénitence, et lui qui a une patience angélique ne soufflait mot, endurant tout stoïquement et amicalement ; car c'était moi qui avais voulu user de ces maudits baudets ; et moi-même qui m'étais autrefois tant servi de cette monture, je ne pouvais pas la supporter aujourd'hui. Bref, nous nous en débarrassons fort à propos, et nous arrivons à pied à Sorrente. Ce n'est pas la ville que l'on vient visiter ici, c'est la vue : quelle belle mer ! il faut la contempler depuis le promontoire de Sorrente. On montre encore ici la maison du Tasse ; ce sont sans nul doute ces jardins merveilleux qui ont donné au poëte l'idée des jardins d'Armide de la *Gerusalemme liberata*.

Le plus beau de notre course ce fut encore le retour, le

voyage de Sorrente à Castellamare. Nous étions en voiture cette fois, dans une bonne et confortable voiture. L'air était parfumé; les grosses oranges et les citrons, — les

Sorrente.

limons, comme on dit en Italie, — pendaient aux arbres dans les vergers; puis des montagnes, mais des montagnes comme on n'en voit nulle part de pareilles; des bois d'oliviers s'étageant en gradins, des rochers énormes allant rouler jusqu'à la mer; en face de nous, un peu sur la gauche, nous avions le Vésuve, qui borne toujours si poétiquement l'horizon; nous rencontrions à chaque instant des ravins délicieux comme ceux du Paradis terrestre, j'imagine; Adam et Ève s'y fussent reconnus; de blanches villas qui pendaient aux flancs des coteaux, des ponts hardis, des grottes sombres. Des pieds de vignes, qui sont de grands arbres dans ce fortuné pays, formaient des forêts de trois mètres et demi de haut. Qu'est-ce que ces ombres sous les arbres? deux *carabinieri* couchés sur l'herbe, deux gendarmes qui se sont mis à l'aise et sans l'ordonnance; on pourrait dire : « Vite, apportez de l'eau de Cologne. » Mais il y a donc des brigands?... nous nous en doutions; il faut bien qu'il y en ait, sans cela l'Italie ne serait pas l'Italie, et le royaume de Naples et les Deux-Siciles ne seraient pas le royaume de Naples ni les Deux-Siciles.

Nous mîmes pied à terre devant un cabaret à la Téniers. Avez-vous vu les toiles du grand peintre et ses intérieurs d'auberge? Des brocs de vin rangés sur les tablettes, des poules qui picorent, des chapelets d'oignons qui pendent aux poutres, une grosse maritorne aux cheveux en filasse, qui sert, et des buveurs attablés, les coudes sur la table. Les buveurs, c'étaient nous et notre *vetturino* avec qui nous fraternisions; ah! c'est que nous étions bien contents de l'avoir trouvé, après cette aventure de baudets, pour nous faire faire cette jolie course. L'image de saint Paulin, évêque de Nole, patron de la contrée et inventeur des cloches, planait au-dessus de nous, attachée à une colonne d'honneur; il ne faut pas oublier que nous sommes en Campanie.

Nous arrivons à Castellamare, ravis; comme nous avions à voir la parente d'un de nos amis, une sœur de Charité française, j'accostai gaillardement un grand équipage ecclésiastique qui passait près de nous; le *monsignore* en collet violet qui se prélassait là dedans fut très bon, et voulut bien nous indiquer l'hôpital, où l'on nous accueillit encore mieux, si possible. Cette bienheureuse journée finit dans l'eau ; Dieu ! qu'elle était bonne et tiède ! quel bain de mer exquis !

REPOS

Dimanche, 22.

Couchés à Castellamare dans un hôtel de baigneurs très bien tenu, et rentrés à Naples le matin. Nous avons fait nos dévotions en bons chrétiens. Grande affluence de monde dans les églises. Pourquoi ne vous agenouillez-vous pas à l'élévation, mesdames les Napolitaines, au moins à ce moment-là ? — Départ pour Albano.

ALBANO

Lundi, 23.

Albano n'est pas commode à trouver ; il faut faire une heure de voiture avant d'y arriver. C'est le soir que nous fîmes une entrée très peu solennelle dans la petite ville ; dans quel hôtel allâmes-nous loger, je ne m'en souviens plus ; tout ce que je sais, c'est qu'on nous fit monter tout en haut d'un grand escalier, et que nous pénétrâmes dans une immense salle, servant de salon, je suppose, à en juger par les meubles de canne, qui affectaient des formes de canapés et de banquettes. Sur la salle s'ouvraient quatre chambres à coucher; on nous en donna à chacun une, et mon ami D*** alla se reposer; moi je restai à causer quelque temps avec l'hôtesse et sa fille, à une fenêtre par où l'air frais entrait, et j'allai ensuite m'étendre dans mon lit.

Le lendemain nous fîmes une grande promenade à la *Galleria di sotto* et à la *Galleria di sopra;* ce sont deux superbes avenues d'arbres, dont l'une, comme le nom l'indique, se trouve en contre-bas, et l'autre longe le charmant lac d'Albano; mais le lac n'est point tout proche de l'avenue; il se trouve au fond d'un entonnoir de verdure, qui est fait pour le plaisir des yeux et le grand embellissement du paysage; cet entonnoir m'a tout l'air d'un ancien cratère volcanique converti en lac. Involontairement, dans cet endroit enchanteur, je répétai les vers que j'avais appris dans mon enfance :

> Beau lac, j'ai vu de ce bois sombre
> Tes flots s'embraser au soleil;
> Ils brillaient de couleurs sans nombre,
> De bleu, d'oranger, de vermeil.
> . . . .
>
> Les couleurs dont ton eau rayonne,
> Le soleil en toi répété,
> Cet éclat qu'un beau jour te donne,
> Tu le dois à ta pureté,
>
> A tes ondes immaculées,
> Comme les neiges des sommets;
> Dans la source et l'âme troublée,
> Les cieux ne se peignent jamais.
> . . . .
>
> VICTOR DE LAPRADE.

A gauche nous voyons, surplombant le lac, la maison de villégiature des papes, *Castel-Gandolfo*, où Pie IX venait pendant l'été, où Léon XIII n'est jamais venu depuis son élévation au suprême pontificat; au delà, en face de nous, *Rocca di Papa*, puis un couvent de passionnistes divinement situé dans la montagne. Ce site nous faisait envie; nous eussions voulu, si le temps ne nous pressait pas, aller passer là quelques bonnes journées de retraite.

— Retour à Albano, en passant devant trois ou quatre petites chapelles populaires, où les bonnes gens s'arrêtent un instant pour se reposer et dire un Ave Maria devant la statue de la madone. Nous passâmes de plus près du tombeau des Horaces et des Curiaces, et près de celui de Pompée; au moins c'est ainsi qu'on les nomme; ces tombes antiques, aux formes étranges, aux énormes pierres entassées, indiquent déjà la campagne romaine.

A la station nous rencontrâmes une bande de voleurs, arrêtés récemment, enchaînés et conduits en prison par les *carabinieri reali*. La vue de ces honnêtes et patibulaires figures de vauriens nous fut agréable. Des brigands! donc il y en a! Ah! nous le savions bien!

— Départ pour la ville éternelle et traversée de la campagne romaine; à droite et à gauche nombreuses ruines et nombreux aqueducs. Recueillons-nous, nous allons entrer à Rome.

ROME. — SAINT-JEAN-DE-LATRAN

Mardi, 24.

Roma! — Nous prenons la bonne méthode, et au lieu d'aller loger dans un hôtel vulgaire, nous allons élire domicile dans une famille romaine à laquelle on nous a recommandés, et qui loge au quatrième étage (*al quarto piano*) d'une maison de la *Piazza di monte d'Oro*, entre le Corso et le Tibre, près du palais Borghèse et de *San Lorenzo in Lucina*.

Rien qu'à voir à la porte, en arrivant, la délicieuse fontaine qui, selon l'usage, verse son onde pure et fraîche dans une vasque, au fond de la cour, cela fait plaisir; et après avoir fait connaissance avec les G*** nous nous trouvons très bien; l'un logé dans une immense chambre, l'autre dans une plus petite. La famille se compose du papa, de la maman et d'une jeune fille, la signorina *Francesca*, appelée communément *Chichina*, charmant diminutif italien. Une jeune servante qui vient des montagnes voisines, et que nous appelons immédiatement *Rosina la Sabine*, complète la série des habitants du 4º *piano*.

C'est ici qu'il faut parler *italiano;* nous ne nous en faisons pas faute, et comme *fabricando fit faber*, nous devenons forts à causer.

Après un *dolce far-niente*, visite au procureur des Missions étrangères, un ami qui nous entraîne à Saint-Jean-de-Latran pour commencer. La foule s'y porte pour entendre le chant des Vêpres de la fête du patron, qui tombe aujourd'hui; notre voiture suit celle d'un cardinal dans la file. Enfin nous pénétrons dans l'église, *tête et mère de toutes les églises*, ainsi que le porte l'inscription de sa superbe façade. Nous assistons à la fonction; nous voyons le cardinal Chigi, ancien nonce à Paris, archiprêtre du Latran; nous voyons les deux tribunes de chantres élevées à l'entrée du chœur, et nous entendons la plus belle musique de Rome, plus belle, nous dit-on, qu'à Saint-Pierre.

Il fait chaud! Je refuse le *bicchiere di vino* que m'offre mon ami le procureur; je m'en repens bien un instant après; nous prenons congé de lui pour aujourd'hui, et nous allons flâner aux alentours. Ces flâneries dans Rome sont adorables, plus que partout ailleurs, parce qu'on ne peut faire deux pas sans y voir quelque chose qui soit digne d'intérêt.

J'avais déjà visité Rome une fois; aussi je n'eus point de peine à trouver tout près la Scala Santa, Sainte-Croix de Jérusalem avec ses reliques, et la vieille église Saint-Clément, aimée des antiquaires. Le soleil avait disparu; les montagnes de la Sabine, que l'on aperçoit si bien depuis le Latran, avaient revêtu des tons orange et violet exquis : la nuit venait. Ce fut une bien douce promenade que nous fîmes ensemble, D*** et moi, au Colisée, au clair de la lune; nous y pénétrâmes très courageusement, sans crainte des brigands..., et pourtant !... Nous passâmes devant la *Meta sudans*, l'arc de Constantin, l'arc de Titus, le Forum, l'arc de Septime-Sévère, les temples de Vénus et Rome, de Saturne, le Palatin et le palais des Césars, aux pieds du Capitole, et par le Corso nous revînmes chez nous. *Ardiamo nel letto!*

LE VATICAN. — SAINT-PIERRE. — LE PINCIO

Mercredi, 25.

Tous les matins on fait ses dévotions à *San Lorenzo in Lucina;* ce jour-là nous allâmes au séminaire français voir le Père B***, un gros bonnet ecclésiastique, qui du fond de son cabinet de Santa Chiara fait bien des choses et tient bien des fils. Il nous donna quelques conseils d'hygiène pratique et nous offrit ses services. En le quittant nous courûmes à Saint-Pierre et au Vatican.

Réservons Saint-Pierre pour tout à l'heure et entrons au Vatican. Par la porte qui donne sous la colonnade du Bernin, le suisse, en costume du XVe siècle, pourpoint et haut-de-chausses à carrés noirs, jaunes et rouges, nous laisse passer le seuil où il monte la garde, quand nous lui montrons nos lettres pour Mgr Macchi, maître de chambre de Sa Sainteté. Nous sommes reçus par un petit secrétaire, futur auditeur de nonciature, qui nous donne les nouvelles des couloirs du Vatican. Mgr Macchi nous fait un gracieux accueil; nos lettres et nos recommandations ont produit bon effet sur Son Excellence : « Conduisez ces Messieurs, dit-elle à un valet, *al maggiordomato, sono molto respettabili.* » Il nous donna rendez-vous pour un des jours suivants afin de voir le pape, et chez le majordome du palais on nous donne des billets *gratis* pour les musées du Vatican.

C'est là que je revois la *Virgen del Foligno*, la *Communione di San Girolamo*, la *Transfigoratione*, le Laocoon, l'Apollon du Belvédère; je revois encore un peu après les *Loggie* et les *Stanze*, la Sixtine et le *Jugement dernier*, la Pinacothèque. Puis à Saint-Pierre!... c'est le triomphe de l'harmonie des lignes et de la perspective; je reviens sans cesse aux anges des bénitiers, des colosses d'enfants! au baldaquin de bronze qui surmonte l'autel papal, à la *Confession* entourée de lampes allumées, qui font autour d'elle un cordon de cuivre et de feu, à la *chaire* de saint Pierre, aux confessionnaux des pénitenciers.

Nous prions devant le tombeau de Pie IX; nous errons à travers les majestueuses tombes papales, dans la sacristie vaticane, aux environs de la salle du Concile et de la statue en bronze de saint Pierre, aux pieds usés par les baisers; nous lisons l'inscription en haut de la coupole qui chante : *Tu es Petrus! Tu es Petrus!* Et en soulevant la lourde portière de cuir pour sortir, nos yeux sont éblouis par l'éclat du soleil qui se joue dans le jaillissement des fontaines et dore la cime de l'obélisque de Sixte-Quint, où on lit :

Christus vincit,
Christus regnat,
Christus imperat.

C'est une des choses les plus grandioses que l'on puisse voir à Rome que cette colonnade du Bernin, qui forme comme l'avant-cour et le gigantesque vestibule de Saint-Pierre; à vrai dire l'entrée de la basilique est déjà pour moi au pont et au château Saint-Ange : Saint-Pierre commence là.

— Les missives aimées : on va les chercher au nouveau palais de la Poste; les Italiens ont très joliment arrangé cette vieille maison; c'est tout frais, tout flambant neuf; j'ajoute que tout est arrangé pour la commodité du public.

— Visites à la fontaine de Trevi, au Quirinal, à Monte-Cavallo, à la fontaine du Triton, à Sainte-Susanne, aux Thermes de Dioclétien; ces curiosités se trouvent à proximité de la gare du chemin de fer; nous les avions déjà entrevues à l'arrivée.

— Le soir, tout le monde se porte vers le Pincio, à partir de quatre heures; les collèges et les séminaires de Rome ne manquent pas de s'y rendre, et on y voit, comme aurait dit Voltaire :

Anglais, Français, Germains, que l'étude rassemble.

Le collège germanique est en soutane rouge; on dirait des cardinaux de dix-huit ans; les Polonais portent une ceinture verte. On conçoit qu'après avoir été renfermé pendant toute une journée brûlante, on éprouve le besoin de prendre l'air, et chaque jour, aussitôt la chaleur partie. La villa Borghèse, tout proche, ouvre ses portes hospitalières aux promeneurs. La statue de Victor-Emmanuel, élevée à l'entrée du Pincio, semble vraiment défier le Vatican qu'elle regarde...; depuis là, on a une admirable vue sur Rome : la *Piazza del Popolo* est en bas au premier plan; Saint-Pierre et le palais des Papes sont au fond du tableau.

En retournant on passe naturellement devant l'Académie de France et la villa Médicis, la Trinité-du-Mont, la place d'Espagne et la colonne de l'Immaculée-Conception, le collège de la Propagande; on traverse le Corso et on est bientôt au palais Borghèse, notre voisin. La limonade du soir, nous avait-on dit, est rafraîchissante, fébrifuge, astringente; nous ne manquions jamais d'exprimer un citron dans un verre de vin d'Orvieto et d'avaler cette mixture.

Qu'on ne se moque pas de nous; car faute de précautions on meurt souvent, ni plus ni moins. *Fa caldo! molto caldo!*

LE VATICAN. — LE CAPITOLE

Jeudi, 26.

Pour échapper à la *mal'aria* nous avions ainsi arrangé notre vie à Rome : on sortait le matin; de onze heures à cinq heures sieste et repos à la maison; on sortait de nouveau le soir. Nous faisons une nouvelle visite au Père B*** au séminaire du Saint-Esprit, un homme précieux et bien charmant pour nous, puisqu'il nous donne une lettre pour Mgr Ciccolini, *cameriere participante, un des quatre* qui sont toujours de service près du saint-père. Nous voulons voir Léon XIII à tout prix, et nous ne pouvons attendre au jour fixé par Mgr Macchi; c'est un peu tard pour nous. Mgr Ciccolini sans doute avancera l'entrevue tant désirée.

Un coup d'œil auparavant à la coupole de Saint-Pierre, où nous montons; on voit là des mosaïques à profusion. Saint-Pierre est grand! Saint-Pierre est haut! il faut faire cette ascension pour en être mieux convaincu. Nous voici de nouveau au Vatican, et en face des suisses superbes dans leur costume dessiné par Michel-Ange. Il nous faut monter jusqu'à la cour *San Damaso*, où nous trouvons les gendarmes pontificaux, qui ressemblent tout à fait à des gendarmes français; un de ces paternels Pandore nous indique à peu près l'appartement de Mgr Ciccolini. Et nous errons par les corridors et les couloirs qui serpentent au milieu des douze cents chambres du palais. Un cuisinier serviable nous envoie à l'*anticamera;* nous sommes sauvés !

Une salle des gardes grandiose précède l'antichambre ; je me rappellerai toujours le suisse gigantesque qui, le casque en tête et la hallebarde sur l'épaule, tournait sur le palier comme un lion dans sa cage ; que le costume et les allures militaires vont bien aux nobles descendants de Guillaume Tell ! Comme ils sont vraiment beaux ! Les *buzzolanti*, en habits de damas rouge, remplissent l'antichambre ; il se fait un grand mouvement ; le pape arrive de la promenade et va entrer dans la salle du Consistoire ; nous allons donc le voir passer. Hélas ! non ; il faut croire que les ordres sont bien sévères, car par la faute d'un laquais trop zélé, qui ne connaît que sa consigne, nous sommes repoussés avec beaucoup d'autres dans la salle des gardes, et nous manquons notre coup.

On nous présente néanmoins à Mgr Ciccolini qui est là ; ce monsignor possède une bonne et douce figure ; il est plein d'attentions pour nous, et après nous avoir causé un instant, en employant l'italien, il nous invite pour samedi prochain, après-demain ; c'est tout ce que nous voulons : *va bene !* Nous allons d'ici là finir Rome et d'abord faire viser nos *celebret*, car c'est l'ordre du cardinal-vicaire : *Che seccatura !*

Mgr G***, vicaire apostolique de Canton (Chine), est à la Procure des Missions étrangères, malade ; on m'engage à aller lui faire une visite pour le distraire ; au cours de la conversation l'évêque se trouve mal, et je le laisse aux mains du diacre chinois qu'il a amené avec lui de là-bas. En quittant Sa Grandeur je rejoins mon compagnon de voyage, et nous allons sur la place de Venise et au forum de Trajan.

Retour par le Capitole. Les Romains modernes ont eu une bonne idée d'installer dans les jardins, à gauche de l'escalier, cette louve enfermée dans sa cage ; c'était bien sa place ; en la regardant, on lit une page d'histoire. Mais ici il y a une page d'histoire sous chaque pierre ; ainsi, à la prison Mamertine, tout proche, que de souvenirs! souvenirs de saint Pierre et de saint Paul, de Catilina et de Jugurtha, qui ont été enchaînés dans ce double cachot où règne un froid glacial. Nous avons bu à la fontaine qui a jailli à la prière de l'Apôtre pour lui permettre de baptiser son geôlier; nous y avons vu l'escalier placé là pour la commodité des pèlerins par Mgr de Forbin-Janson, évêque de Nancy.

Notre promenade continue par le *Gesù*, la Minerve, le Panthéon, où on a élevé un tombeau provisoire à *Vittorio Emmanuele*, Sainte-Agnès et la place Navone; Saint-André *della valle*, Saint-Ignace, Saint-Charles du Corso, la place Colonne, la place *Monte-Citorio* et le palais des Députés. On peut circuler économiquement dans Rome en prenant les omnibus à huit ou dix places, appelés *imprese romane ;* mais D*** médit de ce système de voitures et nous les prenons le moins possible; il faudrait, du reste, descendre à chaque pas pour regarder ce que l'on veut voir.

SAINT-PAUL. — LES CATACOMBES

Vendredi, 27.

A Saint-Pierre, pour la messe célébrée sur le tombeau du premier pape, puis à Sainte-Marie-Majeure et pèlerinage à Saint-Onuphre, afin de dire une prière devant le tombeau du Tasse. C'est un couvent bien pittoresque que Saint-Onuphre, juché tout en haut d'une rue qui monte et qu'on ne dirait plus appartenir à Rome, mais à un village perdu. Le jardin, derrière le couvent, fait encore qu'on garde cette impression; les quelques moines conservés là par la révolution, en qualité de gardiens, vous amènent dans la chambre du *Torquato ;* un artiste a peint sur le mur, en face de la porte, le portrait de l'illustre poète; en entrant, on croirait vraiment que la chambre est habitée et que l'image va parler.

— Course dans le Transtevère et dans la Longara. — Le soir, à Saint-Paul-hors-les-Murs. C'est une des coquetteries de la Rome catholique de faire ainsi grand en semant un peu partout les magnifiques églises et en laissant tomber de temps à autre un bijou dans le désert; ici, c'est un collier de pierres précieuses. Beaucoup de gens ne comprennent pas cela et m'ont questionné à ce sujet, émettant des jugements un peu hasardés, et sans réfléchir d'abord que nous sommes ici presque sur le lieu du martyre de saint Paul; ce qu'on oublie trop. On admire surtout à Saint-Paul cette forêt de superbes colonnes, ces malachites royales données aux papes par cet autre pape qu'on appelle Nicolas Ier, empereur de toutes les Russies, chef du saint synode, et ces beaux médaillons des souverains pontifes depuis Pierre jusqu'à Pie IX, et qui courent au-dessus des colonnes, le long de la frise. Il y a encore de la place pour mettre trente à quarante papes, et quand ceux-ci viennent ici en regardant cette place, ce simple regard doit produire sur eux l'effet que produisait sur certains monarques d'Orient l'officier qui leur criait aux oreilles le matin à leur lever : « O roi, souviens-toi que tu es mortel! » A Saint-Paul on se mire dans le pavé de marbre.

Nous ne pouvions nous arrêter en si beau chemin, et nous poussâmes une reconnaissance jusqu'à *Saint-Paul-aux-trois-Fontaines*. Ce fut un moine français très distingué, un trappiste, qui vint nous ouvrir, nous montra la basilique et l'endroit où le grand Apôtre fut décapité, et où sa tête vénérable, en tombant, fit trois bonds, qui selon la tradition firent jaillir trois fontaines, d'où le nom : *Alle tre fontane*. Les campagnes qui environnent le monastère de la Trappe sont désertes et malsaines; quand les religieux arrivèrent ici et voulurent tenter d'assainir le terrain, beaucoup y trouvèrent la mort; la plupart étaient obligés, dans le principe, d'aller au moins passer la nuit et coucher à Rome. Depuis quelques années, ils y ont fait des plantations d'eucalyptus qui ont produit un résultat assez satisfaisant; nous bûmes un verre de la liqueur qu'on extrait de cet arbre et qui a un goût agréable. Le gouvernement italien s'est bien gardé de chasser les trappistes, qui lui rendent de si grands services; on ne chasse pas des soldats qui ont l'habitude de mourir à leur poste de combat!

On doit remarquer que nos journées étaient bien employées, bien remplies; nous voulûmes, après Saint-Paul, aller à Saint-Sébastien, situé dans les vignes, à milieu chemin, entre la Trappe et les murs de Rome. On joint ordinairement à cette visite la visite des catacombes voisines de Saint-Callixte; nous n'y manquâmes pas; ces *loculi*, ces chapelles, ces couloirs entrevus à la lumière d'un flambeau qu'un moine tient élevé au-dessus de sa tête, produisent toujours une profonde impression; Mgr Gerbet nous a rendu cette impression dans de beaux vers :

Hier j'ai visité les grandes catacombes
  Des temps anciens,
J'ai touché de mon front les immortelles tombes,
  Des vieux chrétiens;
Et ni l'astre du jour, ni les célestes sphères,
  Lettres de feu,
Ne m'ont jamais fait lire en plus grands caractères
  Le nom de Dieu.

Un ermite au froc noir, à la tête blanchie,
  Marchait d'abord;
Vieux concierge du temps, vieux portier de la vie
  Et de la mort;
Et nous l'interrogions sur les saintes reliques
  Du grand combat,
Comme on aime écouter sur les combats antiques
  Un vieux soldat.

Un roc sert de portique à la funèbre voûte;
  Sur le fronton,
Un artiste martyr, dont les anges sans doute
  Savent le nom,

Peignit les traits du Christ, sa chevelure blonde
  Et ses grands yeux,
D'où s'échappe un rayon d'une douceur profonde
  Comme les cieux.

Plus loin, sur les tombeaux, j'ai baisé maint symbole
  Du saint adieu :
Et la palme et le phare, et l'oiseau qui s'envole
  Au sein de Dieu ;
Jonas, après trois jours, sortant de la baleine
  Avec des chants,
Comme on sort de ce monde après trois jours de peine
  Nommés le temps.

C'est là que chacun d'eux, près de sa tombe prête,
  Spectre vivant,
S'exerçait à la lutte ou reposait sa tête
  En attendant.
Pour se faire d'avance au grand jour du supplice
  Un cœur plus fort,
Ils essayaient leur tombe, et voulaient par prémice
  Goûter la mort.

. . . .

J'ai sondé d'un regard leur poussière bénie ;
  Et j'ai compris
Que leur âme a laissé comme un souffle de vie
  Dans ces débris ;
Que dans ce sable humain, qui dans nos mains mortelles
  Pèse si peu,
Germent pour le grand jour les formes immortelles
  De presqu'un Dieu !

. . . .

C'est là qu'à chaque pas on croit voir apparaître
  Un trône d'or,
Et qu'en foulant aux pieds des tombeaux je crus être
  Sur le Thabor,
Descendez, descendez au fond des catacombes,
  Aux plus bas lieux,
Descendez : le cœur monte, et du haut de ces tombes
  On voit les cieux !

Nous revenons par le tombeau de Cecilia Metella, la Pyramide de Caïus Sextius, Sainte-Sabine et Saint-Pierre-aux-Liens ; il est tard, et l'église se ferme ; mais, grâce à un vicaire ou chapelain complaisant, on nous permet de voir le fameux Moïse à la lumière indécise du crépuscule. En repassant près du capitole, nous entrons chez M. le commandeur de Rossi pour obtenir une permission; il est absent, mais nous sommes reçus par M*lle* de Rossi qui se charge de faire notre commission et baise la main à D***; celui-ci en est tout fier!

VISITE AU PAPE LÉON XIII

Samedi, 28.

Nous voilà encore à flâner dans le Transtevère, qui est bien décidément le quartier Mouffetard de la Ville éternelle : joli quartier, ma foi! et où sont donc ces costumes et ces types si vantés?... Un régiment de *bersaglieri* (chasseurs) passe près de nous, revenant de l'exercice; leur fanfare est originale et a un cachet tout particulier. Le régiment a celà de bon, qu'en le suivant il nous amène à Sainte-Cécile, qui est très difficile à trouver. Visite au tombeau, le chef-d'œuvre bien connu, à la maison de la sainte, à la chambre nuptiale : touchants souvenirs de la vie de ces saints si aimables!

On peut revenir voir le Corso par le *Ponte Rotto*; à cet endroit le Tibre jaune d'Horace, — *Vidimus flavum Tiberim*, — paraît dans toute sa jaune splendeur. On aperçoit le pont et l'île Saint-Barthélemy; tout près, le gracieux temple de Vesta, la *Bocca della verita*, l'affreux Ghetto, où l'on peut juger de l'incomparable saleté hébraïque, la superbe manufacture des tabacs construite par Pie IX. Je ne pouvais me lasser d'admirer les belles inscriptions lapidaires et pontificales que l'on rencontre à chaque instant dans Rome : *Pius fecit, Sixtus posuit, Paulus instauravit*. Le *P. M.* (*Pontifex Maximus*) est tout aussi royal et fier que le *S. P. Q. R.* (*Senatus Populusque Romanus*).

— A quatre heures au Vatican ; nous finissions par le bien connaître. Nous traversons la salle des gardes et nous sommes dans l'*anticamera*. Au fond, nous n'étions pas tranquilles : Mgr Macchi, à qui nous étions recommandés, nous a priés d'attendre quelques jours ; nous sommes pressés de partir et nous ne voulons pas attendre ; pour cela, et pour voir le pape quand même, grâce au Père B***, notre obligeant ami, nous nous sommes mis entre d'autres mains ; mais si Mgr Macchi nous aperçoit, que va-t-il nous dire...? La bonne et bienveillante figure de Mgr Ciccolini apparaît ; et derrière, justement, le maître de chambre du pape ; nous nous expliquons... En retournant au coin que nous avions choisi, nous faisons connaissance avec un jeune abbé français qui connaît bien Rome et nous donne nombre de renseignements et de détails ; il s'appelle Kreutzer ; c'est un *kreutzer* qui vaut un ducat d'or. L'antichambre commence à se peupler ; c'est incroyable la quantité de gens qui veulent voir le pape ! prêtres, religieux, messieurs en habit noir dégantés, dames en mantille, *bambini* remuants, religieuses, parmi lesquelles je remarque des sœurs de Saint-Charles de Nancy ; elles ont la direction de l'hospice des fous du *Manicomio*, près du Vatican ; Pie IX les aimait beaucoup et leur faisait souvent porter des fruits par ses jardiniers.

Un mouvement a lieu dans la foule ; les valets font faire place ; c'est un ambassadeur et une ambassadrice qui se rendent dans le cabinet du saint-père. Une heure d'attente.

Enfin la garde noble arrive ; deux ou trois camériers suivent en violet, et, derrière, Sa Sainteté le pape Léon XIII ! Tout le monde est à genoux : le pontife suprême a un aspect majestueux, une figure fine et bienveillante ; il est grand de taille, maigre, mais droit, ferme ; *l'homme blanc* passe devant les groupes et finit par arriver à nous. Mgr Macchi daigne expliquer à Sa Sainteté que nous lui sommes très recommandés ; nous causons bien pendant deux ou trois minutes ; pendant ce temps-là D*** ne lâche pas les mains du pape; moi, sur la demande de mon auguste interlocuteur, je fais de la géographie pour expliquer où nous logeons dans Paris; mais Léon XIII connaît Paris pour y être souvent passé en allant en Belgique, quand il était nonce à Bruxelles; nous nous entendons à merveille. Nous recevons la bénédiction apostolique pour nous et pour nos familles, puis la bénédiction est donnée solennellement à toute l'assistance. Le pape a là un geste très aristocratique; l'impression est profonde; c'est un autre Thabor... Sa Sainteté est emportée immédiatement après par les *buzzolanti* dans un palanquin rouge; la noble garde et la garde suisse l'escortent.

Nous disons à notre cocher de nous conduire chez les cardinaux Chigi et de Falloux, mais nous n'avons pas l'honneur de rencontrer Leurs Éminences; elles sont sorties; l'heure des visites est passée; tout le monde se dirige vers le Pincio; nous faisons comme tout le monde. Bonne journée!

LES IIes VÊPRES A SAINT-PIERRE

Dimanche, 29.

A Sainte-Agnès-hors-les-Murs par la *Porta Pia*; — église souterraine et confession; catacombes pleines d'ossements; — ces ossements se trouvent à la portée de la main dans les *loculi*, un peu partout; il serait si facile d'en détacher une parcelle! Pourquoi ne le fait-on pas? c'est l'excommunication qui retient. — L'accident arrivé à Pie IX a eu lieu ici, un plafond écroulé pendant une cérémonie où le pape assistait.

— Non loin de là, Saint-Laurent-hors-les-Murs, une belle basilique où les dispositions anciennes de l'édifice sont bien conservées. Tout à côté est le cimetière de Rome, où l'on remarque de belles tombes.

— Il y a une poussière désolante aux environs de la ville, et nous sommes tout heureux de quitter les *contorni di Roma*, pour venir à Saint-Pierre assister aux IIes Vêpres. Le vestibule de la splendide église a été décoré avec des draperies; la confession est illuminée et enguirlandée de fleurs magnifiques; la noblesse romaine a dû ruiner ses jardins. On célèbre la *fonction;* que de monde! que de monde! et cependant on circule à l'aise au milieu de cette foule où les Albanaises en costume jettent une note bigarrée et originale; on arrive même assez facilement jusqu'aux chantres, jusqu'au clergé. Tout à coup, le cardinal Borromeo, archiprêtre de Saint-Pierre, fend la foule avec son cortège et vient occuper le siège d'honneur. Il est revêtu de la *capa magna*, et marche droit, la tête haute, avec une distinction suprême; pourtant son allure est si triomphale, qu'on le prendrait tout autant pour un général que pour un cardinal. J'imagine qu'au temps de Jules II il eût pu quitter la barrette pour le casque à cimier, et la *capa* pour une cuirasse de fer.

Deux choses curieuses et touchantes à Saint-Pierre : le tombeau de Pie IX entouré par le peuple qui prie; — comme ils l'aimaient! — et la statue de saint Pierre revêtue de la chape, de la tiare et de l'anneau précieux; le bronze habillé ainsi donne à saint Pierre l'apparence d'un nègre. On fait queue pour le baisement des pieds.

DERNIÈRES COURSES

Lundi, 30.

Nous avons fait nos dernières stations dans Rome aujourd'hui : à Saint-Pierre *in Montorio*, au lieu du crucifiement de saint Pierre, où un bambino nous a beaucoup amusés ; nous lui avons donné une pièce de 4 sols comme bonne main ; il ne pouvait s'imaginer que ce fût de l'argent. L'*Eau Pauline*, qui est voisine, est la plus belle fontaine de la ville, selon moi, la plus fraîche, la plus abondante, la plus jolie, la plus champêtre, la mieux placée. On passerait volontiers une bonne heure à rêvasser sur ces hauteurs, ou dans le jardin anglais à côté. C'est comme à la villa Doria Pamphili, — encore un autre endroit que j'aime ; — on trouve de ce côté-là la porte Saint-Pancrace, qui rappelle des souvenirs de guerre : les Français, Garibaldi. Voilà un vilain nom, et, quoique je le déteste, il fallait bien le prononcer au moins une fois avant de quitter Rome ; Dieu sait si ces fous d'Italiens l'ont sur les lèvres et dans le cœur, ce nom-là ! on n'entend que cela ! Nous avons fait une visite à Mgr Macchi pour le remercier, et nous allons partir.

FLORENCE

Mardi, 1er juillet.

Enfin nous fuyons cette fournaise et nous arrivons à Florence. Déjeuner à la place de la Seigneurie, le meilleur que nous ayons fait dans toute l'Italie... ; un vin de Chianti qu'il faut goûter et qui vaut les vins français ; n'appellent-ils pas ici ce vin-là le bordeaux italien ?

Nous sommes à Florence la belle, la ville des fleurs, des Médicis, l'ancienne capitale de la Toscane et du royaume d'Italie. Pourquoi n'est-elle pas restée capitale ? Hélas ! pourquoi le flot montant de la révolution italienne a-t-il poussé jusqu'à Rome ? que de difficultés évitées sans cela ! quelle terrible question mise de côté et pour longtemps ! car Florence est vraiment une capitale..., dans toute l'acception du mot : de magnifiques boulevards circulaires qui ont remplacé la vieille enceinte de murs et qui ont trois lieues de circuit ; un bois de Boulogne, les *Cascine*, la plus belle promenade de l'Italie, qui a près d'une lieue de long ; de magnifiques palais, les constructions régulières de la ville neuve et les belles maisons des quais des Lungarno, de jolis ponts sur l'Arno, des églises qui ne le cèdent qu'à celles de Rome.

Nous visitons le *Duomo*, *Santa Maria del Fiore* (XIIIe à XVe siècle), qui a une coupole superbe de Brunelleschi, revêtue de marbre blanc et noir, le campanile du Giotto, le baptistère et ses portes de bronze, « digne de fermer le paradis, » selon le mot de Michel-Ange. Nous cherchâmes les souvenirs du concile de 1439, qui voulut réconcilier les Grecs et les Latins, et le siège du célèbre Florentin, le Dante, l'homme qui à lui seul suffirait pour immortaliser sa patrie : *il sasso di Dante*.

Nous entrâmes à la chapelle des Médicis (Saint-Laurent), extrêmement somptueuse, embellie par Michel-Ange et son œuvre fameuse : *le Penseur;* à Sainte-Croix, au Panthéon de Florence qui abrite les monuments du Dante, de Machiavel, de Galilée, de Michel-Ange, d'Alfieri, tous enfants de la noble ville ; comme Boccace, Léonard de Vinci, Brunelleschi, Benvenuto Cellini, Americ Vespuce.

Le *Palazzo Vecchio* et sa haute tour dominent la place de la Seigneurie, où l'on admire encore la *Loggia dei Lanzi*, ancien quartier des soldats lansquenets. Entre le bâtiment et le vieux palais se trouve le palais des Offices, qui contient la galerie des Médicis, une des plus riches collections artistiques du monde entier. C'est là qu'est la *Tribune*, et c'est là que sont les chefs-d'œuvre inestimables appelés : la *Vénus de Médicis*, l'*Apollon*, le *Satyre agitant des cymbales*, le *Remouleur*, les *Lutteurs*, les *Niobides*, l'*Hermaphrodite*, etc. etc. ; la *Madone à la chaise*, la *Madone du grand duc*. Michel-Ange ! Donatello ! qui ont dédaigné la tradition, imprimé dans la pierre ce qu'ils sentaient, ce qu'ils rêvaient : quels hommes ! Raphaël, Masaccio et fra Bartolomeo, quels noms ! quels illuminés d'en haut !

Quelle misère, après ces merveilles, de retomber aux réalités de la vie? Nous avons pris une chambre à l'hôtel, qui est infectée de punaises; aussi nous déménageons promptement, nous payons, et nous allons coucher à Pise, à l'*hôtel de la Minerve*; au moins je le connaissais celui-ci, pour y avoir déjà passé une nuit; il était propre; nous y fûmes très bien.

PISE. — GÊNES

Mercredi, 2.

Il y a quatre choses à voir à Pise, et tout le monde en a entendu parler : le Dôme, le Baptistère, la Tour penchée et le *Campo Santo*. Croirait-on que nous étions plus *allegri* que jamais en quittant Pise? Était-ce la joie du retour? Il y a, comme on sait, la joie du retour : pour moi, elle égale presque toujours celle du départ, et ce n'est pas peu dire. Nous étions le soir même à Gênes, qui fut vue en deux heures, en visitant la belle église dorée de l'*Annonziata* et le port très beau et très vaste.

Nous voulûmes boire une dernière bouteille d'asti dans certain restaurant voisin de la gare du chemin de fer; mal nous en prit; ce vin, d'ailleurs passable, fut empoisonné par la malpropreté et l'insolence d'un garçon de l'établissement, qui faillit me donner, à moi, un coup de couteau pour une observation que je lui faisais. Le soir, nous couchions à Savone et nous pensions au pauvre Pie VII.

MONACO. — NICE

Jeudi, 3.

Le long de la ligne ferrée on voit courir souvent la route de la Corniche, qui serait jolie à regarder, si elle n'était coupée si souvent par des tunnels trop nombreux ; charmants villages et délicieux paysages...; les forêts de palmiers nous annoncent Monaco, où nous voulons descendre pour voir le casino de San-Carlo et son superbe salon de jeu. Nous prenons un instant un grand intérêt autour d'une table de roulette assiégée par une foule anxieuse; oh! je me rappellerai toujours certaine figure de femme, qui, à chaque instant, prenait et mettait des pièces de cinq francs dans un cabas : l'horrible mégère! Pour nous, les numéros, 19, 31 et 32 nous coûtèrent bien peu de chose, et les autres ne nous rapportèrent rien. Nous sortîmes de cet antre doré, la tête haute et la conscience tranquille; on n'entendit dans les bosquets voisins aucune détonation d'armes à feu; les journaux ne parlèrent nullement de notre visite ni de notre trépas.

Nous arrivâmes à Nice pour faire un tour sur la *promenade des Anglais,* qui nous parut fort laide, avec ses palmiers chauves, et pour prendre un bon bain au milieu des vagues enragées. Nice, quoique en plein été, s'évertuait à donner des concerts un peu partout, et les paysans, gens simples, les paysannes, plus naïves encore, donnaient leur argent avec enthousiasme pour aller entendre des roucoulades de mauvais goût.

MARSEILLE

Vendredi, 4.

Toujours charmante ville que Marseille, selon moi. J'aime le cours Belzunce et la Cannebière avec leurs grands ombrages : qu'on me pardonne cette faiblesse ! J'aime la Joliette et le Prado ; nous visitâmes de fond en comble un immense paquebot des *Messageries maritimes*, l'*Iraouaddy*, qui arrivait de Chine. Cela me rappela mon beau temps.

AVIGNON

Samedi, 5.

Où donc sont les hôtels dans la ville des Papes ? Nous dûmes faire un bon bout de chemin dans la ville avant de trouver où nous caser. Visite au château des Papes et au jardin voisin, d'où on a une si belle vue, et déjeuner solide et français où nous oublions le *chianti* avec le *châteauneuf*... Coucher à Lyon.

PARIS

Dimanche, 6.

La Bourgogne... — Il pleut ; il fait froid... — Adieu Italie ! — Adieu Provence ! Adieu soleil ! Voici Paris.

1883

LA COMPAGNIE TRANSATLANTIQUE

Dimanche, 20 mai, — vendredi, 25.

Le dimanche 20 mai 1883, je reprenais le bâton du voyageur pour revoir en passant l'Italie et pousser jusqu'en Sicile. Quand je dis : prendre le bâton du voyageur, c'est bien une pure métaphore, car on verra par la suite que de bâton je n'avais nul besoin ; ce qu'il me fallait pour mon voyage, c'était plutôt un bon morceau de toile à voile, et je savais que l'exellente *Compagnie générale Transatlantique* se chargeait de me le fournir, ayant à défaut de toile à voile un peu de charbon de terre dans les soutes de ses magasins ; ce qui vaut encore mieux pour aider à marcher.

Je partais seul, mais je devais rejoindre à Gênes un bon ami, F. M***, qui serait mon compagnon pour un mois à travers les terres et les mers, à pied, à cheval, en paquebot et en voiture.

C'était un voyage de vrai *dilettante;* rien de convenu, rien de décidé au juste, point de plan, ni de guide, ni de *book* anglais ; nos yeux, quelque expérience personnelle, un grand désir de humer un peu de bon air et de fuir la fournaise parisienne, c'était tout. Et, pour commencer, au lieu d'aller directement de Paris à Marseille, je prends le chemin des écoliers et pars pour Tours et Bordeaux.

J'aime Bordeaux ; c'est, avec Marseille, la ville de France où j'habiterais le plus volontiers après Paris, parce que ce sont deux villes intelligentes, en rapport incessant avec l'étranger, et j'estime que nous avons tant à apprendre des étrangers, que c'est un bonheur de nous frotter à eux ; cela c'est ma marotte, mon idée fixe est basée sur un long commerce avec ce qui n'est pas français. Mes chers compatriotes pensent souvent un peu autrement; ils s'occupent bien un peu trop de questions intérieures soit dans la vie publique, soit dans la vie privée, et Dieu sait comme ils font du mauvais ouvrage! Je leur pardonne; ils ne savent ce qu'ils font... et *ignoti nulla cupido*.

— De Bordeaux à Toulouse. Toulouse est petit, *petiot*, quoi qu'on en dise. Les bons Toulousains! Je les trouvai occupés, quelques centaines, sur la place du Capitole, à regarder des papiers qui volaient en l'air à une grande hauteur; un millier de petites banderoles qui prenaient le chemin des oiseaux. Dieu! quelle chose extraordinaire! et j'allai dîner, assez bien; on dîne bien à Toulouse : c'est toujours cela. Le soir j'étais à Carcassonne. C'est une délicieuse ville du Midi, avec ses jardins, ses boulevards extérieurs, plantés de gros arbres qui donnent de la fraîcheur, sa pittoresque *Cité :* une joie pour l'historien et l'archéologue qui aime les vieilles tourelles et les sombres donjons; mais quels gens! et quel genre! Je ne dis pas cela pour tous les habitants de Carcassonne, mais pour ceux de l'hôtel où je suis descendu : on m'y a volé mes souliers; je les ai retrouvés, mais à quel prix! quelle bordée d'invectives! Règle générale : ne mettez jamais vos souliers à la porte, le soir où vous coucherez à Carcassonne.

— De Carcassonne à Cette. Cette, ville de commerce, horrible ville; rien à y voir, rien à y faire, si ce n'est s'ennuyer dans des cafés *extra-province*. Pour être à Marseille le plus vite possible et m'éviter les fatigues du chemin de fer et ménager mes souliers de voyage, qui avaient couru si grand péril, je cherchai un vapeur en partance; j'en trouvai un de la *Compagnie Touache*, qui levait l'ancre le soir même, à onze heures. Comment s'appelait-il? je n'en sais plus rien; tout ce que je sais, c'est que je pris un billet de 1re classe, que cela me coûta dix francs, je crois, et que je m'endormis dans une cabine passable, quoique puante, et me réveillai à cinq heures du matin à Marseille. C'était tout ce que je voulais.

Le jeudi 24, à onze heures, je montais de nouveau à bord. Cette fois c'était un vrai, un superbe navire, *la Ville de Naples* de la *Compagnie générale Transatlantique*. A la bonne heure! je me retrouvai dans mon élément; moi qui avais navigué autrefois si longtemps à bord des bateaux des *Messageries maritimes*, je fus émerveillé de celui-ci; la disposition était la même que dans les autres : un pont magnifique, long et large, très propre, très brillant, où l'on peut circuler sans entraves de l'avant à l'arrière; des cabines commodes et saines; le salon du premier très luxueux, plus peut-être que dans tous les navires que je connaissais; le personnel des officiers poli, affable et bienveillant au possible. Dans ces conditions on peut voyager fort agréablement; c'est moins cher que le chemin de fer, et surtout moins sale et moins fatigant; on a la table et le lit sous la main; on fait les cent pas sur le pont, sous un ciel magnifique, avec une mer très calme et qui en cette saison ressemble à un lac aux ondes tranquilles. Voilà pourquoi j'avais choisi la voie de mer pour aller en Italie. N'avais-je pas raison?

La Compagnie Transatlantique, outre ses lignes de New-York, des Antilles et du Mexique, a une flotte sur la Méditerranée parfaitement organisée et qui fait des voyages réguliers sur les lignes d'Algérie, de Corse, de Tunisie, d'Espagne, d'Italie et de Sicile. Celle d'Italie et de Sicile fait les escales de Gênes, Livourne, Naples, Palerme ou Messine, Malte et Tripoli, avec retour par Catane, Messine, Naples, Livourne et Gênes. C'était mon voyage, moins Malte et Tripoli.

GÊNES

Vendredi, 25.

« Gênes la Superbe, dit le *Monde terrestre* de Charles Vogel, s'élevant par terrasses et amphithéâtres au bord de la mer, présente surtout, vue de celle-ci, un aspect merveilleux. D'un coup d'œil on embrasse le port, compris entre ses deux môles, avec son phare et sa forêt de mâts, le quai pavé en pierres de taille, la ville avec ses églises et ses tours, ses magnifiques rangées de palais somptueux et ses hautes maisons qui ont l'air de grimper les unes sur les autres, la double ligne des fortifications escaladant les sommités environnantes, une bordure de jardins du vert le plus foncé, la vaste et belle courbe du littoral avec ses maisons de campagne superbes, enfin la roche brune du faîte de l'Apennin, et tout au fond, à gauche, les blanches têtes des Alpes. »

J'avais cela sous les yeux, le matin du vendredi 25, en arrivant à six heures; tout à coup en regardant les nombreuses petites barques du port qui venaient au-devant de nous, je distinguai dans l'une d'elles mon ami M***, qui me fait un salut calme et discret comme toute sa personne. Il fallut attendre que les formalités de la police et de la santé fussent accomplies pour se voir; il monta à bord, nous tombâmes dans les bras l'un de l'autre, et nous descendîmes à terre ensemble pour voir une ville connue, jusqu'au moment du départ du paquebot pour Livourne, fixé à six heures du soir.

Un désagrément avec le mode de voyage que nous avions adopté, ce sont les escales, qui durent trop longtemps toujours. Quand on connaît la ville où le navire s'arrête pour ses échanges de marchandises, il faut, bon gré, mal gré, quitter le navire; la position n'est pas tenable à bord, à cause du bruit de la machine, des treuils et des grues qui vont chercher les barils et tonneaux à fond de cale ou y arriment des ballots.

Donc course forcée à Gênes, par ses rues n'offrant que montées et descentes, et si étroites, que les maisons se touchent presque, empêchant ainsi le soleil de rôtir les passants. Toutefois il y a quelques belles rues : la *via Balbi*, la *strada Nuova* et la *strada Nuovissima,* qui se font suite et sont bordées en plusieurs endroits de beaux palais.

Gênes a de nombreux tramways qui transportent le public sur tous les points de la ville et au delà; l'un d'eux nous amène au *Campo Santo*, très curieux. Il est impossible de ne pas croire encore à la richesse de Gênes et de n'être pas convaincu qu'elle est essentiellement marchande et commerçante, en voyant la série de riches monuments qui se déploient dans les galeries et sont presque tous élevés à la mémoire d'un capitaine de navire, d'un armateur ou d'un négociant. C'est toujours la riche république du moyen âge, et de plus on sent qu'on est dans la patrie des arts, quoique Gênes n'ait jamais eu de renommée de ce côté-là; presque tous les tombeaux possèdent des statues et des sculptures absolument bien faites ou des décorations somptueuses.

Une autre promenade bien intéressante, c'est celle que l'on peut faire dans le quartier qui borde le port intérieur : on trouve là des galeries et des arcades qui vous transportent en plein moyen âge, des échoppes et des boutiques ouvertes, où l'artiste et l'amateur peuvent rencontrer parfois de bonnes occasions, je ne dis pas pour acheter quelque antiquaille, mais des objets neufs qui affectent la vieille forme chère aux archéologues. Plusieurs églises à voir entre temps, notamment l'*Annonziata*, l'église Sainte-Marie de Carignan et la cathédrale Saint-Laurent; quand nous y entrâmes, la décoration de la fête du *Corpo Santo* n'avait pas encore été enlevée; les colonnes étaient revêtues du haut en bas, selon la mode italienne, d'une belle étoffe rouge qui était loin de déparer l'édifice. Dans une riche chapelle on conserve le corps de saint Jean-Baptiste le Précurseur. Qui l'eût cru? Une inscription placée à la grille défend aux femmes d'y pénétrer, en souvenir d'Hérodiade, qui fit trancher la tête du saint.

Un musée qu'on ne doit pas laisser de côté : la galerie du palais de Brignoles-Salles; deux belles statues, celle de Christophe Colomb, près de la gare monumentale, — l'Italie est le pays des gares monumentales, — et celle de Cavour. En face de la place où s'élève cette dernière, on doit faire quelques pas et monter au-dessus de grand jardin : du haut de la terrasse on aura une vue délicieuse sur les cascades de maisons de la ville, beaucoup de ces maisons ont jusqu'à sept, huit et neuf étages : les toits sont plats et garnis de fleurs et d'arbustes. Je vois encore d'ici l'effet charmant produit par un géranium et une touffe d'œillets rouges. Au delà de la ville, c'est la campagne, la montagne encombrée de villas et de pavillons de plaisance.

Quand il pleut, comme ce jour-là, dans l'après-midi, on se réfugie dans les cafés; mais il y a peu de cafés à la française avec des tables sur le trottoir : on se tient à l'intérieur, et on n'y est pas très bien. Cinquante fois dans un quart d'heure un gamin s'approche de vous et vient vous proposer d'acheter une boîte d'allumettes *fiammiferi;* c'est là pourtant le moindre inconvénient. Nous remontons à bord à six heures. Pour ce faire, on doit prendre, comme dans tous les ports de l'Italie, une barque à la Douane; elle vous conduit au large. A Gênes seulement les bateliers sont raisonnables; partout ailleurs il faut payer par personne le prix exorbitant d'une *lire*. Comme ils savent jouer de cet instrument par ici!

SAN-GEMINIANO. — CAMPAGNE TOSCANE

Samedi, 26.

Livourne n'est pas une ville où il faut séjourner longtemps ; aussi nous prenons nos valises, nous descendons, et après avoir jeté un regard pour la forme sur l'immense navire de guerre *Lepante,* qu'on construit dans le port militaire et que les bateliers appellent un *palazzo,* nous nous rendons à la gare et nous prenons incontinent un billet pour *Empoli.*

Empoli, jolie petite ville italienne. L'hôtel principal est, comme son nom l'indique, l'*Albergo maggiore,* où une petite *ragazza* de quatorze ans nous sert un repas propre et réconfortant. Puis à *Poggibonsi.* Notre but est de nous rendre à *San-Germiniano,* vieille ville du moyen âge, et de faire une excursion dans l'intérieur ; nous voulons voir la campagne toscane.

Mes lecteurs ont-ils lu le commencement du roman de Ouida : *le Tyran du village ?* « Santa-Rosalia in Silva est un village situé où vous voudrez, entre la mer Adriatique et la mer Tyrrhénienne, entre les Dolomites et les Abruzzes... Il suffit de dire que c'est un petit *borgo* italien, comme il y en a beaucoup sous le doux ciel bleu de cet aimable et bien-aimé pays qui a donné le jour à Théocrite et au Tasse. Un village blanc comme un galet et baigné par une rivière verte comme l'Adige ; un village devant lequel s'étendent, coupés par de basses montagnes, des champs de blé, de châtaigniers, d'oliviers et de vignes ; un village avec de grands peupliers au bord de l'eau et une église au clocher de briques rouges dont la cloche s'agite derrière sa cage de bois. A travers les plaines, et sur le flanc des collines, sont semés des vingtaines d'autres villages ; d'étroites routes les séparent, dont le réseau se laisse à peine voir sous les feuilles de vignes... Santa-Rosalia in Silva, un bourg simple, honnête, frais et tout à fait champêtre, où les femmes brûlées par le soleil tressent de la paille sur le pas de leur porte, tandis qu'à côté d'elles se roulent par terre de petits enfants nus semblables à des amours qui se seraient échappés d'un tableau du Corrège. Là, au printemps, les asphodèles et l'odorant narcisse poussent partout dans les prairies et les champs de blé; en automne, les chariots traînés par des bœufs descendent lentement l'unique rue du village avec leur chargement de tonneaux remplis de raisins. La rue, vierge de tout pavé, ne compte d'autres boutiques que l'étal du boucher, l'échoppe de l'épicier; et une sorte de petit appentis vieux et sombre où une vieille femme vend des gâteaux, de la bimbeloterie et des rosaires. »

Si mes lecteurs l'ont lu, ils connaissent le pays où je suis, la route où nous roulons dans une mauvaise carriole en compagnie d'un petit vieux, ridé, très brûlé par le soleil, mais aussi gai, aussi heureux qu'un grillon dans le blé, comme dit toujours Ouida et comme je dirai, — moi qui ai fréquenté le petit vieux, — aussi loquace, aussi bavard. Au demeurant une bonne figure de paysan toscan, de l'ancienne Toscane, pas de celle qui est régénérée et qui accable un peu trop le paysan d'impôts, de règlements et de vexations. Notre brave *vetturino* eut tout le temps de nous manifester son sentiment à cet endroit; il nous dit tout ce qu'il pensait, il n'eut pas même assez d'adresse ni de malice pour cacher ses défauts, et il nous parla du vin de Chianti avec enthousiasme; ce qui nous fit naturellement croire qu'il cultivait dans l'occasion la dive bouteille au col étroit et au ventre entouré d'osier.

Nous ne restâmes à San-Geminiano que le temps nécessaire pour en prendre une connaissance sommaire et pour laisser reposer notre petit cheval; on appelle la petite cité « la ville des belles tours, *delle belle tori* »; elle est située sur une hauteur. On aperçoit, en effet, d'assez loin six ou sept hautes tours carrées, comme celles du *Palazzo Vecchio* de Florence, et qui élèvent fièrement leur tête dans les nues. Nous allâmes à l'église, qui est une collégiale du xi° siècle et ne manque pas de beauté ; nous nous perdîmes dans des rues étroites, qui montaient et descendaient tour à tour, bordées de maisons anciennes, aux portes et aux volets énormes, ornées d'écussons et d'armoiries et embellies de temps en temps par des machicoulis ou des tours florentines comme celles de l'enceinte extérieure. On peut venir ici pour y étudier le siècle du Dante et l'art du xiii° au xv° siècle ; bref, nous fîmes un mauvais dîner dans une auberge installée dans un de ces pittoresques logis aux vastes salles, aux cabinets noirs et aux oubliettes nombreuses, et nous revînmes attendre à la gare de Poggibonsi le train qui venait de Livourne et devait nous conduire à Sienne. Nous attendîmes notre train deux heures, et cette circonstance nous donna définitivement la conviction que nous étions bien en Italie.

SIENNE. — LE MOYEN AGE

Dimanche, 27.

Si on arrive le soir comme nous, il faut bien se garder de prendre une voiture ; on met son léger bagage sur le dos d'un gamin qui se trouve toujours à portée et on se fait conduire à pied à l'*albergo de la Scala*; bonne auberge italienne, pas chère et bien située, c'est-à-dire tout près du *Duomo* et à l'extrémité de la ville ; ce qui permet de la traverser dans toute sa longueur. Il y a des villes comme cela où l'on doit toujours aller à pied, en flânant, en s'arrêtant à chaque pas, sous peine de passer pour un Anglais, je voulais dire sous peine d'abdiquer toute prétention artistique. Aussi bien, les Anglais, nos bons, chers et jaloux voisins, ont trop d'argent dans leurs poches, et partant aiment trop le confortable, et par conséquent prennent trop de voitures, d'où ils ne peuvent rien voir ni goûter.

J'ose à peine avouer que, venu en Italie deux ou trois fois, je n'avais pas vu Sienne et que mon ami M***, qui l'avait visitée trois fois pour le moins, me raillait sans pitié au sujet de cette lacune. J'avais beau lui objecter que je connaissais *Canton, Chang-hay, Tchong-kin, Hong-Kong, Saïgon, Singapour* et mille autres cités fabuleuses, lui insinuer que j'avais pénétré jusque dans Édimbourg, jusque dans Lisbonne, et jusque dans Agram et Buda-Pesth, ce qui du reste le mettait mal à l'aise, il me répétait qu'il était impardonnable de n'avoir pas eu l'idée de venir à Sienne.

Un nom connu pourtant des moindres *bambini* qui possèdent une boîte de couleurs de vingt sous, achetée chez le papetier du coin. La *terre de Sienne*, avec laquelle ils barbouillent leur papier sans vergogne, vient probablement des trois collines d'argile sur lesquelles notre ville est bâtie; et le collégien qui a un peu étudié son histoire sait que Sienne était la capitale gibeline, comme Florence était la capitale des Guelfes, et qu'il y avait ici autrefois cent mille âmes.

Présentement on n'y compte guère que vingt-cinq mille habitants; mais quelle charmante cité du moyen âge elle fait encore, avec ses murailles et ses hautes tours rougissant sous le soleil, c'est la teinte des tours vermeilles de l'Alhambra de Grenade; mon ami M*** rougissait lui-même, quand je lui disais cela; il n'a pas encore vu Grenade! Quelle charmante cité, avec ses pesantes maisons ou palais de pierre, ses rues étroites, tortueuses, mais proprement dallées, ses églises imposantes où l'on peut à loisir étudier comme dans tous ses monuments l'art du XIIIe au XVIe siècle?

De nuit, l'aspect est fantastique, saisissant; on n'a qu'à fermer à demi les yeux quand on frôle les passants et s'imaginer qu'ils portent des pourpoints et des souliers pointus ou à la poulaine; on devrait porter ce costume-là à Sienne, puisque les maisons sont de l'époque; je m'étais vite accoutumé à mon moyen âge; comme des officiers et des soldats sortaient d'un café et passaient à côté de moi en traînant le sabre, je les prenais volontiers pour de nobles chevaliers se rendant à un tournoi ou un groupe de lansquenets venant de jouer aux dés au cabaret; dans une ruelle sombre, j'entrevis à la clarté d'une lanterne suspendue entre deux maisons hautes une ouverture dans le mur, fermée par une grosse grille; je crus voir à travers les barreaux passer les mains décharnées d'une recluse, comme celle dont nous parle Victor Hugo dans sa *Notre-Dame de Paris*.

Et l'auberge de la *Scala* se trouva encore selon nos désirs; une grande chambre aux murs nus au troisième étage, avec un balcon qui donnait sur la rue, en face d'autres fenêtres rares à balcons spacieux : des sons de guitare ou de violon s'échappaient d'une de ces fenêtres, des jeunes filles riaient aux éclats; en bas les sacristains ou les sonneurs de la cathédrale passaient. Est-ce la Esmeralda? Est-ce Quasimodo? Et ce capitaine qui vient de notre côté, serait-ce le noble Phœbus de Châteaupers? ce prêtre, l'archidiacre Claude Frollo? cet étudiant, Jehan, son frère...

Notre chambre s'ouvrait sur une immense salle; les Parisiens, qui payent si cher le droit de vivre, pas toujours tranquillement, dans un espace limité de quelques mètres carrés ou cubes, se demandent toujours à quoi peuvent bien servir ces grands appartements inutiles qu'ils rencontrent en province et surtout à l'étranger. Eh bien! cela sert à vivre; le corps respire, l'âme artiste jouit. Notre grande pièce possédait tout au bout, à l'opposé de notre chambre, deux fenêtres par où les yeux plongeaient à pic sur les jardins et les maisonnettes d'un petit faubourg : après le faubourg un grand terrain vague tout en verdure et dont les pentes s'élevaient insensiblement jusqu'à la place et l'église Saint-Dominique, tout au bout de la ville et tout près de nous; il semblait qu'on pouvait les toucher avec la main.

SIENNE (SUITE)

Dimanche, 27.

Aujourd'hui, après la messe, visite du Dôme; il est du XIIIe et du XIVe siècle, gothique mêlé au cintre, ce qui est rare en Italie; cette église et celle d'*Orvieto* que nous verrons demain sont deux exceptions très belles à la règle qui a fait du roman partout dans ce pays du soleil et des orangers. — Trois nefs, des bandes de marbre noir et blanc qui recouvrent tout à l'extérieur et à l'intérieur; — des mosaïques ou *graffiti* de Beccafumi, qui forment le pavé tout entier de la cathédrale et représentent des sujets de l'Ancien Testament : Moïse, Josué, Salomon. Malheureusement ils sont aux trois quarts recouverts par un plancher mobile, afin de les protéger contre les mutilations et l'usure. — Une bonne demi-heure passée à la bibliothèque de la cathédrale ou *Libreria*, où sont les dix fresques du Pinturicchio, racontant la vie de Pie II (Æneas Silvius Piccolomini.) On dirait que ces peintures sont faites d'hier, tant elles sont bien conservées; Raphaël, dit-on, aida le Pinturicchio pour certains détails. — Je demande à voir les gros antiphonaires à couverture massive qui sont là aussi; ces belles enluminures me rappellent les antiphonaires que j'ai feuilletés, il y a trois ans, à l'Escurial;... le *custode* m'apprend que les uns et les autres appartiennent à la même collection.

Deux autres visites après celle-ci : à la *piazza del Campo* ou *Vittorio Emmanuele*, qui est semi-circulaire et en pente : tout à fait la figure d'une salle de théâtre ; à l'endroit où serait la scène s'élève le palais communal (1289), crénelé, en briques, à hautes murailles avec une haute tour carrée et une chapelle extérieure en bas, en forme de *loggia*. Rien de moderne là dedans. — Traversons la place, montons chez le photographe qui est dans la rue à côté, et contre le mur de l'escalier, entre le rez-de-chaussée et le premier étage, lisons :

Perpetua sia la cara memoria del faustissimo giorno 12 agosto 1867 in cui qui s'introdusse per lasciare di se in fotografia l'immagine a Siena che amorosamente l'accolse l'uomo il piu generoso e il piu valoroso per la italiana indipendenza, l'invincible generale GIUSEPPE GARIBALDI.

Proprietario della casa sac. Dot. Niccolò Guerrini.

Ceci est du moderne. L'aimaient-ils assez leur Garibaldi ! le généreux, le valeureux, l'invincible Garibaldi ! dont la ville de Sienne est follement amoureuse, qui a bien voulu lui laisser sa chère figure ! ah ! que ce jour soit béni entre tous les jours ! Que la chère mémoire de ce jour heureux se perpétue à travers les siècles des siècles ! Mon ami Nicolas Guerrini, vous êtes joliment enthousiaste ! toutefois peut-être pas encore autant que les citoyens d'Udine, — je l'ai dit ailleurs, — qui ont fait l'apothéose du général après sa mort et l'ont appelé : *Splendore di Dio !* Ni à Sienne ni à Udine, on n'avait pensé que deux jeunes Français passeraient par là un jour et éclateraient franchement de rire.

Nous allons de ce pas à la maison de sainte Catherine, *sponsæ Christi Catharinæ domus*. Elle naquit en 1347. Elle est célèbre par ses révélations, ses prophéties : c'est elle qui décida le pape Grégoire XI à transporter d'Avignon à Rome le siège pontifical. On nous montre sa chambre, l'endroit où elle priait ; dans une chapelle un chapelain a la bonté de nous donner à baiser le fameux crucifix dont la sainte reçut les stigmates. C'est cette église de *San Dominico*, qui est adossée à la colline et dont nous disions un mot tout à l'heure, qui possède son vénérable chef.

Sienne est vue; nous faisons un repas passable à notre auberge, relevé et arrosé par un excellent vin de Chypre que nous avons l'heureuse chance de rencontrer; nous allons au café, où nous admirons la taille colossale d'un capitaine d'infanterie, vrai Goliath; nous partons le soir pour *Orvieto*.

ORVIETO

Lundi, 28.

Orvieto, ancienne ville des États pontificaux, évêché, huit mille habitants, perchée tout en haut sur un rocher de deux cent vingt mètres. Nous croyions aller de la station à la ville en deux enjambées; il n'en fut rien, et nous eûmes de la chance de pouvoir trouver en sortant du train une antique berline de voyage faisant le service des voyageurs pour l'hôtel des Beaux-Arts, *delle belle Arti;* nous montions en pleines ténèbres, couverts littéralement de poussière, soupirant après la fin de cette excursion peu agréable, retenant des deux mains les portières du malheureux véhicule, qui menaçaient de choir sur la route!... Arrivés au sommet de la pente, tout à coup nous fûmes obligés de faire un temps d'arrêt; les portes de la cité étaient tout simplement fermées; le guetteur de nuit dormait et il fallut le réveiller. Cela fait, nous passâmes, en enfilant la rue principale, le *Corso Cavour;* nous arrivâmes devant un grand *palazzo*, dont le haut était couronné d'un balcon gigantesque; c'était l'hôtel. Vite un vieux majordome passa un habit noir sur son petit veston, et la serviette à la main, transformé en un clin d'œil en grande tenue, il vint nous recevoir et nous offrir ses services.

J'avais vu tout cela d'un mauvais œil; je n'aime pas les habits noirs; je n'aime pas les valets gourmés, prétentieux, solennels, ou qui font semblant de l'être. J'allais presque me fâcher; mais le bon vieux me calma, et je reconnus avec satisfaction le type du paisible Romain, du brave habitant des États pontificaux, habitué de temps immémorial à un gouvernement paternel et dont le caractère et l'humeur se résument en deux mots qui lui sont familiers : *Va bene! Va benissimo!*

Assez bonne nuit aux *Belle Arti*, qui ne sont autre chose qu'un ancien palais de l'ancien gouvernement; préfecture ou recette générale, ou quelque édifice de ce genre. Le lendemain de bonne heure nous étions dehors. — Rues petites, tortueuses, serpentines, adorablement italiennes; maisons petites et basses entremêlées de jardins; nombreuses chapelles de couvents et de confréries ou oratoires populaires, avec des statues de la *Madona* devant laquelle brûle toujours une lampe pieusement entretenue; jolis groupes de femmes et d'enfants, arcades enjambant les rues, vieilles maisons monumentales sur la porte desquelles on a laissé une tiare pontificale et deux clefs sculptées en sautoir; ici un marché où il y a de tout; là un mont de piété décoré d'un crucifix; sur cette place une fontaine, sur ce mur une vieille inscription.

Qu'est-ce que cette grande église qui paraît abandonnée et déserte quand nous y entrons? — l'église Saint-Dominique; à première vue rien de curieux; en furetant dans les coins au fond de la chapelle, à droite de l'*autel majeur*, comme on dit ici, nous fîmes une vraie trouvaille : une grande caisse vitrée, à travers laquelle on aperçoit un objet sombre; nous lisons une inscription presque effacée : *Cathedra sancti Thomæ Aquinatis;* le fauteuil de saint

Thomas d'Aquin, ni plus ni moins! Théologiens, venez ici et inclinez-vous! Dominicains, saluez! ou plutôt emportez ce meuble précieux et enchâssez-le dans l'or, placez-le au plus bel endroit d'un de vos plus beaux couvents! Cette église appartenait d'ailleurs à un ancien couvent de dominicains, transformé aujourd'hui en caserne; en sortant nous vîmes une grande porte délabrée qui donnait accès dans un cloître où les soldats du roi Humbert Ier se promenaient en fumant ou lavaient leur linge.

La cathédrale d'Orvieto n'est pas à dédaigner, bien au contraire; nous savons déjà qu'elle est presque, avec Sienne, le seul spécimen de gothique que l'on trouve en Italie. Elle fut bâtie en 1290, à la suite du miracle de Bolsène, où un prêtre qui doutait de la sainte Eucharistie vit en célébrant la messe, par un prodige surprenant, le sang du calice monter après la consécration jusqu'aux bords et venir rougir le corporal, que l'on conserve toujours dans la cathédrale.

L'édifice est revêtu de marbre noir et blanc comme les cathédrales de Sienne et de Florence; la façade est riche en sculptures et en mosaïques; nous regardâmes longtemps les belles sculptures très fouillées qui vont du bas jusqu'en haut et représentent les principaux sujets de l'Ancien et du Nouveau Testament. Les deux chapelles à droite et à gauche du chœur sont remarquables : la première, la chapelle de la Vierge, par les peintures de Signorelli, qui auraient inspiré Michel-Ange; Signorelli a peint le *Jugement dernier* : c'est le genre de la célèbre composition de la Sixtine; et la seconde, la chapelle du Corporal, par ses murs, qui racontent toute l'histoire du miracle.

Nous avions eu là deux excellentes journées; nous terminâmes celle-ci par une visite assez curieuse à un tombeau étrusque du ve siècle avant Jésus-Christ, qu'on va voir à gauche de la route qui conduit au chemin de fer, en sortant de la ville. Le *custode* nous montra une petite collection de vases que nous crûmes authentiques, et malgré notre scepticisme de vieux voyageurs, nous achetâmes chacun une coupe convenablement maculée de sable et de terre.

Le soir nous étions à Rome.

LA NOUVELLE ROME

Mardi, 29 — jeudi, 31.

La veille, nous avions couru longtemps et tout en arrivant après un ami de M***, un abbé français, qui, possédant une petite fortune, est venu s'installer à Rome pour y vivre en paix et en liberté. Nous l'avions enfin rencontré au restaurant *del Falcone*, près du Panthéon ; nous dînâmes là ensemble, et il fut décidé que nous viendrions y prendre nos repas pendant les deux jours que nous passerions à Rome, plutôt pour l'abbé que pour la ville, où nous n'avions absolument rien à faire ni à voir, ayant tout vu, et plusieurs fois, les années précédentes.

Mais Rome est une ville unique dans son genre, si pleine de souvenirs et d'attractions, de beautés et de douceurs, de grandeurs, de poésie, d'histoire et d'inconnu, qu'on éprouve un grand charme, quand on la connaît déjà bien, à y revenir, à y errer encore, à revoir certains coins, certains détails qui vous ont déjà attendris ou remués. Nous nous abandonnâmes du reste à M. A***, qui connaissait sa Rome sur le bout du doigt et parlait l'italien et tous ses dialectes avec une perfection rare pour un Français. Dans les deux ou trois promenades que je vais énumérer, nous étions aussi habituellement accompagnés par le comte G***, de Bologne, que M. A*** nous présenta comme un de ses bons amis.

— Sainte-Sabine, couvent des dominicains, d'où on a une belle vue sur le Tibre et sur Rome. — Saint-Alexis voisin, et qui rappelle l'histoire touchante du saint qui vécut si longtemps sous un escalier dans la maison de son père, le riche patricien. — Dans l'après-midi, à Saint-Laurent *in Damaso*, où nous allons dire une prière sur le tombeau de Pie IX, transporté ici au milieu des tristes événements que l'on sait. — Le *Campo Santo*.

— Le mercredi 30, le matin à Saint-Paul-hors-les-Murs. — Le Ghetto, où nous achetons de ces lampes romaines à longue tige de cuivre et où le récipient affecte la belle forme antique et pompéienne à trois becs; un peu plus loin, nous achetons encore de ces jolis pots en cuivre rouge qui servent à puiser l'eau à la fontaine et qui n'ont pas changé de tournure depuis deux mille ans; quand on voit les paysannes porter ces vases sur leur tête, on croirait assister à une scène pastorale du temps des Tarquin et des Auguste. — L'après-midi, à *Ponte-Molle*; ce n'est pas une belle promenade : maigre verdure, affreuse poussière, vue nulle, restaurant plus que médiocre; je crois bien qu'à Rome, lorsqu'on n'est pas propriétaire d'une villa ou tout au moins d'une *vigne* avec une petite maison pour y faire la sieste pendant la chaleur, on doit rester dans la ville ou alors aller plus loin que la *campagne*, à Velletri, Tivoli, ou Albano, si l'on veut se promener.

— Nous allâmes frapper à la porte du couvent des capucins de la place Barberini, et un moine nous conduisit au cimetière des religieux. L'horrible chose que ces squelettes revêtus du froc, robe et capuchon, grimaçant affreusement et se montrant avec toutes les apparences de la douleur et de l'agonie! On ne dirait pas des élus, mais des damnés; vraiment à quoi peut servir cette déplorable exhibition? D'une pénible impression nous voilà tombés dans le fou rire quand, en nous trompant de porte, nous tombons sur le *buen retiro* du couvent; c'est un peu mieux dans une caserne;... mais n'oublions pas que nous sommes en Italie.

Je fus frappé à ce nouveau voyage de l'extension rapide donnée aux travaux de la nouvelle Rome. Les Piémontais ont l'air de croire qu'en transformant, c'est-à-dire en profanant et en défigurant la Rome des papes, ils parviendront à s'établir solidement dans leur nouvelle capitale. Le nouveau quartier ne se composait guère il y a cinq ou six ans que de la *Via Nazionale* avec ses tenants et aboutissants et des quelques maisons groupées autour du Ministère des finances; mais aujourd'hui, au delà de la gare du chemin de fer, il y a une ville entière et véritable, avec des quartiers distincts, des rues nombreuses, des squares, des places; nous vîmes l'endroit où s'arrêtent les dernières et récentes constructions; c'est une grande place carrée entourée de galeries avec des arcades, comme celles de notre rue de Rivoli. La moitié du carré est bâtie; au delà ce sont des chantiers de pierres de taille, et la campagne commence immédiatement. La place prendra le nom de *piazza Vittorio Emmanuele;* il y aura au milieu la statue du roi usurpateur.

Chose aussi caractéristique que triste! pas une église catholique ne vient couper la symétrie de ces rues alignées à la moderne; mais quelques temples protestants de toutes les confessions en rompent l'uniformité. Hélas! que ne fera-t-on pas de l'ancienne Rome? D'aucuns disent que nos Italiens conserveront les plus belles églises, les palais les plus riches, et qu'ils détruiront tous ces petits *viccoli* entre le Tibre et le Corso, pour *faire grand,* comme du côté de la gare. Le Corso lui-même ne leur paraît pas assez large avec leurs idées modernes... O vous, mes amis, qui voulez encore avoir une idée de la Rome pontificale, hâtez-vous! Venez vite! bientôt vous ne verrez plus que Saint-Pierre et le Vatican, et pour le Vatican, ce n'est pas sûr!

— Le jeudi 31, nous partons pour Marino avec le tramway à vapeur qui emprunte la grande route presque tout le long du trajet. Déjeuner dans une auberge primitive avec trois plats de macaroni et deux bouteilles d'orvieto ou des *castelli romani*, je ne sais plus. Une voiture nous amène à Castel-Gandolfo et à Albano, en longeant le lac, qui brille comme un saphir au fond d'un vase de malachite. Nous prenons congé de M. A*** et montons dans le train qui part pour Naples.

NAPLES

Vendredi, 1er juin — samedi, 2.

Nous sommes venus loger à l'*hôtel du Vésuve*, un des premiers hôtels de Naples : j'ai besoin d'en expliquer la raison, moi qui déteste les splendides caravansérails de nos grandes villes européennes; c'est parce que M. A*** nous a dit : « Voulez-vous voir une belle restauration pompéienne, vous autres artistes et *dilettanti*, allez à l'hôtel du Vésuve. Voulez-vous avoir une vue incomparable, allez-y encore. » Et nous y sommes venus.

Nous ne nous en repentons pas; d'abord nous pouvons dormir tranquillement sans être assourdis par le bruit des rues de l'intérieur, et puis, le matin, en ouvrant nos persiennes, la vue! Santa-Lucia, Chiaja, près de nous; plus loin, le golfe dans un bleu vaporeux et les grands navires de guerre ou de commerce, qui se balancent doucement sur leurs ancres et tournent autour des bouées, les petites barquettes qui courent vers le large en déployant leur voile blanche; très loin, les belles lignes de Capri, de Sorrente, les cimes du Vésuve, les croupes élevées de la Somma. Il fait grand soleil, mais notre résidence est si heureusement située, que nous happerons au passage toutes les brises de mer qui soufflent toutes les dix minutes.

M. A*** ne nous a pas trompés; au bas de l'escalier, au rez-de-chaussée, nous nous trouvons dans un *atrium* de très bon goût, au seuil duquel on lit l'inscription pompéienne : *Cave canem*, et nous déjeunons dans une salle à manger décorée magnifiquement de délicates fresques romaines. Au-dessus de la grande table, pendent à la place de lustres trois grands aigles de bronze aux ailes déployées et soutenues par une triple chaîne en même métal. D'imperceptibles becs de gaz courent le long du dos de ces énormes oiseaux; quand ils sont allumés, le soir, cela doit être de toute beauté.

A force de voir Naples, on finit par en découvrir les défauts; il n'y a pas une belle église, pas un beau palais. Le palais royal ne signifie rien, l'église en face et sa double colonnade circulaire valent encore moins, après qu'on a admiré l'œuvre du Bernin à Rome. Dans les rues, le tapage est effroyable; sur les quais les matelots et les *lazzaroni* sont malpropres avec leurs *frutti di mare* et le reste, les cochers sont insupportables. Qu'est-ce qui fait donc la beauté et l'attrait de Naples?... La vue de la mer et le musée des antiques. Nous retournâmes au musée; nous y vîmes une salle où l'on avait placé les dernières fresques découvertes à Pompéi; et j'y remarquai, en particulier, une belle chasse et une scène qui n'est autre chose que le jugement de Salomon. On a rangé dans un placard les bocaux très bien conservés d'une pharmacie entière déterrée récemment : on jurerait que les vases sont modernes et servent aux usages quotidiens; de même pour certains petits objets ou instruments d'une salle située plus loin, où l'on rencontre une jolie collection de jetons de théâtre et d'instruments de musique.

PALERME

Dimanche,

Le bateau qui va à Palerme et à la Goulette (Tunis) nous a pris à Naples hier à quatre heures et amenés en Sicile ce matin; il se nomme la *Guadeloupe*, le même qui a transporté à Jaffa le grand pèlerinage de cette année. Nous étions à huit heures quarante-cinq en face de la *Concha d'oro*, de la ville et du mont *Pellegrino*. Aussitôt arrivés, aussitôt à terre, où nous n'avons pas à subir les sollicitations des bateliers; en abordant à la douane, un homme de la police se tient au bas de l'escalier et vous dit le prix du passage d'un air sévère, mais juste : *Dodici soldi!* — on donne *dodici soldi*, et on s'empresse de s'esquiver. Comme nous avons laissé la majeure partie de notre bagage déjà léger à Naples, où nous devons le prendre au retour, et que nous ne portons avec nous que ce que le sage avouait : *Omnia mecum porto*, nous marchons d'un pas leste.

Chaleur intense, réverbération insupportable; ce n'est pas tant la chaleur qui accable que la lumière qui éblouit, et, malgré mes verres teintés, j'ai peur de ne pouvoir ouvrir les yeux, je souffre réellement. Il est dimanche; nous nous dirigeons d'abord vers le centre de la ville, à l'aide de notre *Baedecker*, et nous avisons une église où nous allons entendre la messe. L'église où nous sommes est une chapelle de couvent : mauvais goût, atroce, abominable; luxe criard, paillettes, dorures et ornements de village; statues et tableaux à jeter dans le feu.

Selon nos principes, nous allons heurter à l'huis d'un modeste *albergo*, *l'albergo Oliva*, sur la place Oliva en face du *Jardin des Anglais* et près du *Politeama*, le plus beau

Palerme : quartier des blanchisseuses.

théâtre de Palerme. Je recommande l'hôtel à cause de ses chambres assez propres et assez fraîches, et à cause de son propriétaire qui est un excellent homme et qui parle un peu français. En ouvrant notre fenêtre, charmante surprise! elle donne sur un jardin rempli d'orangers qui embaument les alentours : pourtant nous refermons vite; nous avons devant, à vingt mètres, des maisons blanches qui brillent sous le soleil brûlant et nous renvoient ses rayons en nous aveuglant.

Nous sortons malgré la chaleur : il le faut bien; peut-être trouverons-nous un peu d'ombre en rasant les maisons. Il est midi, une heure, la population tout entière est dehors, parce qu'elle va à la messe; et, de plus, aujourd'hui c'est la fête nationale, le *Statuto*. Rendons justice aux Palermitains : malgré leur mauvaise réputation de batailleurs, de querelleurs et de brigands, ils semblent assez paisibles. Pas de cris, pas de tapage comme à Naples. Les Deux-Siciles ne se ressemblent guère au point de vue du caractère, pas plus qu'au point de vue du type. Ici le type est laid, ici le caractère est sombre, farouche. L'Orient se fait déjà sentir.

A Palerme, deux rues longues, droites, se coupent en forme de croix et partagent la ville en quatre parties rectangulaires sillonnées de ruelles tortueuses; — cette disposition est due à la dévotion d'un gouverneur espagnol; — à l'intersection des deux rues appelées *corso Vittorio Emmanuele* et *via Macqueda* ou *corso Garibaldi*, une belle place octogone, ornée de statues et de fontaines, appelée place des *Quatre-Cantons*. Les deux rues sont bordées d'églises et de palais, d'architecture grave, espagnole, et de nombreux couvents de religieuses.

Nous allons à la cathédrale qui a une coupole disgracieuse et n'est guère remarquable qu'au point de vue de la transition de l'architecture arabe à la normande; la nef repose sur des colonnes surmontées de voûtes ogivales. Deux empereurs dorment sous le dôme de Palerme :

Henri VI et Frédéric II; la chapelle de Sainte-Rosalie et le cercueil d'argent de la sainte sont placés près du maître-autel.

Vers quatre heures, la ville semble s'agiter un peu plus; on entend des fanfares résonner dans les rues; on voit passer des régiments qui vont du côté de la mer; des officiers s'empressent. Nous nous laissons porter par le flot populaire jusqu'aux beaux quais de *la Marina,* et nous voyons les préparatifs d'une revue militaire. C'est le général Pallavicini, le vainqueur de Catane, qui va la passer; il arrive : un bel homme un peu gros, coiffé d'un casque qui lui donne l'air tudesque; — ce n'est pas une coiffure italienne; — la municipalité, le *syndaco,* prennent place dans une tribune; les tambours battent aux champs, les musiques jouent toujours le même air, la marche royale; nous voyons avec plaisir un ou deux bataillons de *bersaglieri* passer en courant au bruit de leurs joyeux clairons. Un gros abbé, très bien mis, veut nous donner quelques explications complaisantes; après, nous prenons congé et entrons dans un café pour déguster une singulière glace épicée, où il y avait de tout. — Nous revenons chez nous. Pendant ce temps, la ville s'illumine modestement sans bruit, et, à huit heures, trois mille personnes prennent place au *Politeama,* pour voir le ballet *Excelsior.*

LA ROUTE DE SÉGESTE

Lundi, 4.

Nous sommes partis de Palerme vers midi pour faire l'excursion des temples de Ségeste et de Sélinonte dans l'est de l'île. Il fait une chaleur torride, mais nous avons deux consolations : quand nous sommes dans le train, nous pouvons nous étendre voluptueusement sur des fauteuils très commodes et baisser les persiennes à lamelles fines de notre compartiment de première; quand nous voulons sortir et mettre le nez dehors, nous n'avons qu'un pas à faire, ouvrir la portière de l'extrémité du wagon et nous tenir sur la plate-forme à balcon. Ah! s'il ne faisait pas si chaud! C'est un ravissement : nous sommes au milieu d'une nature exubérante, superbe, incroyable; les environs immédiats de Palerme, la *Concha*, forment une plaine immense s'élevant doucement jusqu'aux montagnes nues; le tapis vert sombre est brodé avec du jaune, du rouge, du blanc, du noir : l'oranger, le grenadier, l'olivier; çà et là les petits cubes des maisons. Les jardinets qui entourent les stations du chemin de fer sont remplis de romarins, de roses et de géraniums. Nous traversons des champs de cactus aux grandes palettes pleines de piquants; les colonnes des palmiers et les lances des aloès forment çà et là des bouquets gracieux; quand le talus s'abaisse du côté de la mer, on aperçoit une grande nappe bleue qui s'étend jusqu'à l'horizon.

— Zucco! c'est un des points les plus remarquables de la ligne *Ferrovia Sicula occidentale;* c'est l'endroit du célèbre cru appartenant au duc d'Aumale; nous poursuivons notre route et nous arrivons vers cinq heures à la station d'*Alcamo;* dans toutes les gares, sur tout le parcours, nous avons remarqué un ordre parfait, une tenue irréprochable en tous points; ce qui jure bien un peu beaucoup avec les autres lignes italiennes. Nos compliments à M. le baron Erlanger!

Ici nous prenons des renseignements près du chef de station à qui nous sommes recommandés spécialement par le directeur de la compagnie. Nous pouvons aller à Ségeste par Alcamo, petite ville située à deux lieues de distance, ou par un grand bourg un peu plus proche de la station, appelé *Calatafimi*, et moins distant des ruines. Nous

nous décidons pour cette dernière localité; mais avant tout, perdu dans ce trou de Sicile, au bout du monde, je veux envoyer un télégramme pressé à Paris. Quand je mets *parc Monceau, boulevard Malesherbes*, je fais peur au pauvre petit télégraphiste; c'est la première fois qu'il a occasion de faire fonctionner le manipulateur et il écorche mes noms propres; bien plus, c'est moi-même qui lui apprends la taxe et le prix de la dépêche!

Oh! c'est bien un pays perdu! Nous montons dans une voiture impossible, conduite par un grand diable d'homme sec et laid qui ressemble à don Quichotte; un don Quichotte aux traits durs, méchants et non débonnaires... « Toi, tu as dû faire autrefois quelque mauvais coup, tu as une tête à ça! » Je monologue ainsi pendant que nous nous engageons dans la montagne, sur une route qui monte, monte à perte de vue. Deux carabiniers royaux qui étaient dans la cour de la gare et avaient bu le coup de l'étrier, en même temps que nous, nous escortent un instant, puis, ayant piqué des deux, ils disparaissent dans une autre direction.

Nous sommes quatre dans la voiture : deux jeunes gens avec nous, dont un étudiant de Palerme, fort gentil, très serviable. De temps en temps, des paysans passent à côté à cheval ou à âne, le fusil chargé, posé en travers de la selle, à portée de la main, de crainte d'une surprise.

Voilà un fait caractéristique! Voilà la Sicile de 1883!

Et moi qui sur le continent n'osais sortir de l'hôtel avec mon inoffensive canne à épée : « Cachez-la, me disait M. A*** à Rome; si on vous surprenait avec une arme, vous seriez mis à l'amende. » — Hum! les pays sont bien différents, et mon épée n'est plus de trop. — « Qu'est-ce que ces armes? pourquoi ces fusils? » demandons-nous à notre étudiant. Il sourit et répond : « Une habitude de la contrée. » — Bon étudiant, l'amour-propre national vous égare, et vous ne voulez pas dire que vos compatriotes les Siciliens sont, autant et plus que nos Corses, irascibles, vindicatifs, ignorants et superstitieux. Vous ne nous direz pas qu'ils se livrent entièrement à leurs idées de vengeance, si profondément enracinées dans les mœurs du pays, qu'il y a ici des habitudes traditionnelles de meurtre, devant lesquelles on ne recule pas, poussé qu'on est par la *Vendetta* ou la *Maffia*, cette association mystérieuse contre les agents du gouvernement. Vous ne voulez pas d'impôts ni de service militaire, et malgré la richesse naturelle du pays, l'indolence vous fait négliger la culture des terres qui ne sont affermées que pour une durée de trois ans. Vous n'habitez que le littoral ou bien vous vous serrez les uns contre les autres dans les villes de l'intérieur, qui comptent toujours au moins 15 à 20,000 âmes, et souvent le double; vous n'avez ni fermes, ni villages, ni cultures éloignées des maisons, par crainte des brigands et des malandrins; nous savons tout cela; nous savons aussi que le gouvernement veut en finir avec les crimes et les meurtres; mais, en attendant, comme la sécurité est loin d'être grande en Sicile, on sort en prenant son fusil chargé et posé en travers de la selle.

Une heure et demie de montée, par un chemin en lacets, entre deux haies de cactus et d'aloès : quand la route tourne du côté de la mer, nous avons de magnifiques points de vue; sous les fourrés des buissons on rencontre tantôt un gardeur de moutons qui ouvre en nous voyant de grands yeux farouches, tantôt une escouade de soldats qui ne gardent plus les moutons, mais les hommes. Nous entrons dans Calatafimi... et nous mettons pied à terre devant l'écurie de nos chevaux, pour traverser en long toute la petite ville, triste, misérable, mal tenue, et gagner sous la conduite de notre charitable étudiant le seul endroit où un étranger puisse venir demander à passer la nuit, une masure affreuse, appelée *Hôtel Garibaldi*.

Garibaldi est populaire en Sicile plus que dans tout le reste de l'Italie, et ce n'est pas peu dire. Cette popularité date de longtemps et principalement de l'expédition des *Mille*. Le célèbre dictateur, après avoir débarqué à Marsala, arriva devant la ville de Palerme et s'en empara rapidement; il avait établi son gouvernement au *Municipio* et ne voulut pas coucher au Palais-Royal; il passait les nuits dans une misérable chambre sise au-dessus de la *Porta Nuova*, qui touche au palais.

Si ce trait tient du héros, et nous aussi nous étions des héros! L'hôtel Garibaldi était bien le plus abominable repaire qu'on puisse se figurer; ni en Espagne ni en Orient je n'avais trouvé quelque chose de semblable ; il faut remonter dans mes souvenirs au moins jusqu'à certaines auberges du fond du Céleste-Empire, à cinq cents lieues des côtes de la mer de Chine, pour avoir une idée de cette chambre qu'on nous donna. Et quel *padrone!* quelle *padrona! Jesu, Maria!* Nous pénétrâmes dans ce bouge par un escalier branlant et un corridor étroit et noir. Il y avait deux chambres : la nôtre et une autre occupée par un voyageur quelconque; en face de la nôtre, une cuisine qui servait aussi d'estaminet où des soldats et des *contadini* buvaient du gros vin et fumaient des pipes antédiluviennes. Dans notre chambre, deux lits ou plutôt deux cadres de bois avec une paillasse et une table boiteuse; c'était tout, une fenêtre unique donnait sur la rue principale de Calatafimi où passait la foule : prêtres nombreux, hommes noirs, femmes jaunes, enfants fiévreux, qui prenaient l'air frais du soir.

On nous fit attendre une heure et demie, et comme je criais : *padrone! padrone!* celui-ci apporta enfin deux énormes plats de macaroni, un pour chacun de nous; mon compagnon y mit le bout des dents, et moi, qui pour comble de bonheur avais une grosse migraine, je n'y touchai pas et j'allai m'étendre sur mon lit. Je ne dormis pas, je me levai, je me recouchai; quelle nuit infernale! Quand il fut jour, je pris un crayon et écrivis sur le mur blanc mes impressions de voyage :

Parva domus, parva quies[1]!

SÉLINONTE

Mardi, 5.

La veille nous avions prié notre voiturier à figure de don Quichotte de nous envoyer des mulets pour faire l'excursion à Ségeste; à quatre heures du matin, les deux mulets étaient en bas, devant la porte; mon ami M*** partit seul; j'étais trop mal. Je vis Ségeste quand même, parce qu'au bout du pays il y a une éminence en forme de promontoire qui domine au loin toute la contrée environnante et les ruines. Il ne reste plus rien de la ville; les Carthaginois appelés par les Ségestins firent à leurs alliés beaucoup de mal; déjà Agathocle avait massacré dix mille de ses habitants; ce sont les Sarrasins qui probablement vers le IV⁰ siècle la ruinèrent totalement. Au milieu d'un paysage sévère, de grandes assises de pierres (300 mètres de haut) et des champs couverts de chardons, seul le vieux temple s'élève avec ses colonnades intactes (trente-six colonnes non cannelées) le ciel bleu au-dessus de lui; tout ce qui en a été construit, — car il n'est pas terminé, — bien conservé. Le temple et son cadre sont faits l'un pour l'autre.

Je me venge de Calatafimi en le quittant, et, jouant sur le mot, je déclare à mon compagnon qu'on ne l'appellera plus que la *gale des familles*... Nous ne rentrerons pas à Palerme avant d'avoir vu d'autres ruines, d'autres temples

---

[1] Petite maison, petit repos.

célèbres : ceux de Sélinonte. Le chemin de fer nous mènera donc un peu plus loin, à *Castel-Vetrano*, ville de 21,000 habitants, véritable cité africaine, aux murs tout blancs, aux maisons basses et sales ; il faut traverser pour y arriver des forêts de cactus, où les arbustes s'élèvent à une hauteur inusitée. — A l'*Hôtel Bixio*, le meilleur de l'endroit, une vaste chambre, un grand balcon ; c'est évidemment encore quelque vieux couvent ou quelque ancien palais. Il est très facile d'installer un hôtel en Italie ; les vastes locaux ne manquent jamais. La salle à manger est défectueuse ; en revanche, le petit garçon de l'hôtelier qui a douze ans sert à table avec une rare intelligence ; dans la cour, un artiste a barbouillé sur le mur du fond le paysage de Sélinonte.

Une bonne voiture nous conduit en une heure aux ruines situées sur le bord de la mer. Il y a trois temples ; c'étaient les plus grandioses, mais les ravages des guerres puniques et des tremblements de terre n'ont laissé debout qu'un petit nombre de colonnes, à peine cinq ou six ; ce n'est qu'un entassement confus de chapiteaux, de fûts dont le diamètre est énorme parfois et de blocs de pierre gigantesques arrachés à un escalier ou à un fronton.

Nous passons par un village de pêcheurs, tout au bord de la mer, et nous allons jusqu'à une maison de garde située sur la falaise ; le garde, un homme intelligent que le directeur des fouilles a envoyé à Rome pour étudier quelque temps les principes de l'archéologie, nous reçoit courtoisement, et nous offre une collation sans vouloir rien accepter en retour ; puis il nous montre ce qui reste de la ville de Sélinonte et de ses remparts. Les bas-reliefs ou *métopes* de Sélinonte ont été transportés au musée de Palerme, où on peut les voir ; malheureusement ils ont été mal restaurés et sont mal installés. Il y en a dix, de trois époques différentes et provenant des trois temples que nous avons visités.

C'est à Sélinonte que les ruines antiques m'ont le plus ému : le panorama est unique au monde peut-être. Un instant nous sommes restés debout au milieu du temple d'Hercule, sur la plus haute colonne; à nos pieds un serpent se tordait dans un trou vert et noir; dans un champ voisin, des moissonneurs chantaient sur un ton traînard, comme le font les Arabes; nous avions derrière nous un cirque de montagnes arrondissant sa courbe immense et noyé dans une teinte vaporeuse et violacée; devant nous la grande mer... Le soir venait, nous regagnâmes notre voiture et nous revînmes à Castel-Vetrano; quand nous eûmes dîné, comme nous nous dirigions vers nos chambres, nous jetâmes un coup d'œil sur le registre où les voyageurs inscrivent leurs noms, et, prenant la plume, nous y mîmes le nôtre juste au-dessous de celui de Henri d'Orléans, duc d'Aumale : « Monsieur, me dit l'hôtelier, vous allez précisément coucher dans son lit: il était ici il y a quinze jours. »

PALERME. — MONREALE

Mercredi, 6.

Nous avons revu vers midi le vaste rocher du *Pellegrino*, qui a vingt kilomètres de tour et domine Palerme de sa puissante masse : citadelle formée par la nature, où Amilcar Barca se maintint plusieurs années, jusqu'à la fin de la première guerre punique. C'est là qu'est la grotte de sainte Rosalie, la patronne de la ville; un lieu de pèlerinage très fréquenté. Au mois de juillet, la fête de la sainte est célébrée avec une pompe inouïe.

Rentrons vite, car le soleil est aveuglant, les enfants à demi nus ne le craignent pas, eux ! et ils se roulent dans la poussière quand même; les pauvres petits ânes doivent y être accoutumés aussi, car ils trottent, malgré un ciel de feu, avec un entrain remarquable. Les voitures auxquelles ils sont attachés ne sont que de petites charrettes entièrement peinturlurées; les peintures m'intriguaient; je m'approchai à plusieurs reprises et devinai de suite les sujets, empruntés tous à l'histoire sainte ou à l'histoire nationale : le jugement de Salomon, la Passion de Notre-Seigneur, l'arrivée des Sarrasins ou le roi Roger sur son trône. Au-dessous une invocation ou une prière contre les accidents : *Evviva la divina Providenza!*

— A trois heures, visite au palais d'Orléans; une maison très simple et très bourgeoise; les appartements ne sont pas luxueux, mais commodes, meublés simplement et d'une grande fraîcheur. Ce qui est beau c'est le parc; encore c'est plutôt un jardin de rapport, tout en citronniers et en orangers; une forêt d'une vaste étendue; de quoi approvisionner Paris pendant la moitié de l'hiver. Nous nous informâmes chez le régisseur pour les vins de Zucco, il paraît qu'on peut les avoir aussi facilement au dépôt de Paris qu'à Palerme même.

La villa d'Orléans est située derrière le Palais-Royal, en dehors de la ville, sur la place de l'Indépendance. Après la villa d'Orléans, la *Tasca* ne nous parut pas un plus beau jardin; la *Flora* elle-même, que nous avions vue l'avant-veille sur le quai de la Marine, est une promenade beaucoup moins belle.

Nous nous risquons maintenant à monter à pied jusqu'à ce nid de brigands qu'on appelle *Monreale*, grande ville de 16,000 habitants, à une lieue de Palerme, dans la montagne, siège d'un archevêché.

Toujours des cavaliers armés de fusils; de plus, des postes de *bersaglieri* de distance en distance, sur la route en lacets; et de poste en poste des sentinelles qui se promènent, l'arme sur l'épaule. Quel pays! On nous raconte que le *syndaco* de Palerme lui-même, en personne, en se promenant par ici, a été arrêté par des malandrins, il n'y a pas si longtemps, et qu'il n'a été relâché que moyennant bonne rançon bien et dûment payée.

Un abbé qui veut bien nous servir de guide nous amène devant les magnifiques portes de bronze de la cathédrale, de 1174. « Au dedans, quelle merveille! dit A. Laugel (*Italie, Sicile*); il semble qu'on entre dans un temple céleste. L'architecture est la même que dans la chapelle Palatine (Palerme); mais ici tout est devenu grandiose : pas de coupole, pas de toits en caissons stalactiformes, de simples poutres dans la nef, comme dans les bas-côtés. Au-dessus du plan majestueux du parvis, une série de grandes marches de plus en plus élevées, en même temps qu'un resserrement graduel des plans verticaux et des cintres vers le fond de l'abside. Cette ordonnance si simple, si claire, soulage le regard. La légende byzantine n'est plus ici resserrée, étouffée dans un petit cadre, réduite aux proportions d'une tapisserie; elle se déroule largement. Les premiers Pères, les patriarches, les prophètes se meuvent en toute liberté. Ce grand livre à fond d'or, c'est la bible du peuple, des illettrés... Les reflets d'or se croisent, descendent des poutres ouvragées, jaillissent des guillochures, des mosaïques. Le marbre blanc, bordé de dessins en mosaïque, court en large bande au pied de toutes les murailles; les dorures portent sur ce frais appui, comme un édifice qui s'élève au-dessus d'une eau transparente. Les colonnes antiques de syénite rose, pures, calmes, solides, soutiennent des murs unis, droits comme une toile; les arcs puissants n'ont pas une moulure; il ne se peut rien imaginer de plus original, de plus étrange. »

Nous entrâmes comme on disait une prière à l'autel; le peuple répondait; il y avait du monde dans tous les coins sombres de l'édifice; le jour commençait à baisser; nous contemplâmes un instant les tombeaux du roi Guillaume Ier et de son fils, et il fallut sortir. Un gardien complaisant nous permit l'entrée du cloître; il se faisait déjà tard. Deux cent seize colonnes, dont tous les chapiteaux et les fûts sont différents! Sur la terrasse de l'ancien couvent de bénédictins nous étions muets d'admiration ; trois couleurs bien distinctes dans le paysage qui se déroule à nos pieds : vert, blanc et bleu ; le vert, les jardins de la *Conque d'or ;* le blanc, les maisons et les clochers de Palerme ; le bleu, la Méditerranée, et au-dessus de tout cela un ciel oriental et la douceur d'un beau soir. Nous arrivâmes sans encombre à la ville.

PALERME (SUITE). — LE PALAIS-ROYAL

Jeudi, 7.

A huit heures, devant le Palais-Royal, grand, droit, badigeonné de jaune et parfaitement nul à l'extérieur. A l'intérieur c'est autre chose ; un bel escalier fait vraiment pour les uniformes étincelants et les robes à traîne.

Puis la chapelle Palatine, construite par le roi Roger II en 1132 ; on dit que c'est la plus belle du monde ; je n'ai pas de peine à le croire ; ce style gothique-normand, ces mosaïques sur fond d'or, ces trois nefs, ce chœur élevé nous saisissent de suite en entrant. « La chapelle du Palais-Royal est un joyau, dit Laugel, une petite basilique en miniature ; la voûte de la nef est formée de caissons dorés, stalactiformes ; les bas-côtés ont des toits en plan incliné, où les poutres font saillie. Dix colonnes corinthiennes servent d'appui aux parois de la nef, où se déroulent les mosaïques. Toute la partie inférieure est couverte de marbre blanc, où s'incrustent des dessins réguliers, multicolores, de grands fers de lances formés de morceaux de porphyre rouge et vert ; au-dessus de cette mosaïque arabe à fond blanc, sont les mosaïques chrétiennes à fond d'or. Au fond de l'abside, comme de coutume, ils ont mis un Christ, tête immense, œil fixe, grands cheveux descendant en ondes noires, un livre dans la main. Saint Pierre, saint Paul dominent les bas côtés, comme le Christ emplit la nef de son regard profond. L'or tremblant des mosaïques, éclairées de rayons obliques; la bizarrerie des styles, la naïveté des vieilles peintures de pierre; le désordre des inscriptions grecques, latines; l'*ambon*, avec son aigle aux ailes étendues, ses piliers sculptés; l'étrange candélabre apporté par Roger, où courent des sculptures gothiques parmi les feuilles d'acanthe d'une pureté grecque; la coupole qui s'attache à sa base octogone par des arches en encorbellement concentrique; tout amuse et étonne le regard. Il y a une sorte d'ironie et d'insolence dans cet art qui a pillé tous les arts, en même temps qu'une splendeur barbare et naïve. »

On nous conduit à la *stanza dei Ruggieri*, à la salle des Roger : c'est la salle à manger, ornée de mosaïques de l'époque de Guillaume Ier.

Humbert s'assied maintenant à la place des rudes Normands; il couche dans leur lit; pourrait-il revêtir la dalmatique apportée d'Allemagne par Henri VI, la dalmatique de Nuremberg, qui servait au couronnement des empereurs, vêtement sacré donné par le pape? Qui sait? Le fils du roi de Piémont, mort avec les secours de la religion et le pardon du Vatican, s'est bien donné de garde de n'ouvrir la chapelle Palatine qu'aux seuls étrangers. A Palerme les chants sacrés retentissent sous les voûtes de l'église royale, le chapitre royal officie tous les jours, vêtu de splendides costumes violets; un doyen mitré célébrait la messe pendant que nous étions là; un officier supérieur à genoux au fond de la grande nef, à l'ancienne place du trône des rois normands, priait Dieu de tout son cœur, et les prêtres, sans doute, mêlaient leurs prières à celles du soldat, pour le roi et la patrie... Cela est bien italien; mais, quand on voyage, on apprend à tempérer ses jugements de beaucoup de libéralisme et d'indulgence.

Les appartements royaux sont vastes, bien tenus, meublés dans le style empire, la salle chinoise est curieuse à cause des peintures qui courent le long des murs et représentent toutes sortes de *célestes*, depuis le mandarin jusqu'au porteur de chaises et au marchand de quartiers d'orange. Nous avons tout vu, même la chambre à coucher de la reine et son cabinet de toilette; je me demande toujours comment le roi d'Italie peut subvenir aux dépenses nécessitées par l'entretien de tous ses châteaux et palais. Depuis que l'unité est faite il en a à Rome, à Naples, à Florence, à Monza, à Turin, et en trente endroits divers. Ceci c'est une question.

Pour terminer, une courte visite à *San Giovanni degli Eremiti*, la plus ancienne église normande de Palerme, avec une grande coupole et quatre petites. Un *custode* intelligent trouve moyen de nous y faire acheter quelques vieilleries.

Départ pour *Girgenti* ou *Agrigente*. Le départ a lieu de Palerme à trois heures après midi; on arrive à Girgenti à neuf heures du soir. C'est long; il est vrai qu'on s'arrête à toutes les gares. Le train direct part de Palerme à quatre heures du matin, et est à Girgenti à neuf heures cinquante minutes.

Le réseau des chemins de fer siciliens comprend d'abord les *chemins de la Sicile occidentale;* on a vu que nous avions pris ceux-ci pour nous rendre aux ruines de Ségeste et Sélinonte; la ligne va de Palerme à *Trapani*, situé dans le nord-ouest, après avoir touché au sud à *Mazzara* et en remontant par *Marsala*.

Les *chemins de fer siciliens* proprement dits se composent de la grande ligne de Palerme à Messine; quatre embranchements s'en détachent : le premier à *Aragone Caldare* pour aller à *Girgenti* et *Porto Empedocle;* le deuxième à *Caricatti* pour aller à *Licata;* le troisième à *Catane* pour aller à *Syracuse*. Girgenti et Licata, comme Syracuse, se trouvant dans le sud, la grande ligne a été tracée suivant un triangle très irrégulier. Un quatrième embranchement prend à *Roccapalumba* pour se rendre à *Marianopoli* et *Caltanisetta.* On m'a dit qu'un chemin de fer réunirait bientôt, dans le sud, Mazzara et Girgenti, en suivant, je suppose, le littoral.

Montagnes, montagnes, montagnes, plateaux désolés, déserts sans arbres, de maigres champs de blé, des ondulations monotones, parfois de gros rochers gris et durs, un ciel de feu, voilà l'intérieur de la Sicile, qui est admirable, mais... sur les côtes, en face de la mer radieuse. A *Lercara*, on trouve les mines de soufre; nous ne pouvons qu'y jeter un coup d'œil à la volée; on voit les grands tas appelés *calcarone* le long de la voie, à droite ou à gauche. Le mode d'extraction est, paraît-il, très primitif : peu ou point de machines pour cela; on extrait 200,000 tonnes par an; le soufre est alors dirigé par les voies ferrées à Palerme ou à Girgenti : les navires l'embarquent et le transportent dans le monde entier; la Sicile fournit les deux tiers du soufre qui entre dans la consommation de l'Europe.

— Arrivée à Girgenti le soir à neuf heures, réglementairement.

AGRIGENTE. — LES TEMPLES

Vendredi, 8.

Nous avions commandé hier soir à notre hôtel une voiture pour faire le matin l'excursion des temples; nous partons à cinq heures. Le temps est magnifique, l'air pur et frais; un vrai temps d'excursion. Quel paysage en descendant vers la mer! Agrigente est située sur les pointes d'une montagne qui va en s'abaissant comme par degrés vers la côte. Il y a comme quatre ou cinq grands degrés : sur l'avant-dernier se trouvent les restes gracieux de cet art grec, s'harmonisant si bien avec le paysage, la terre, le ciel et la mer.

La voiture court dans les chemins creux entre les oliviers, les amandiers, les orangers et les figuiers; l'air est d'une transparence idéale; l'œil saisit les moindres contours des objets; une paix profonde nous entoure, en face de ce vaste panorama où nous trouvons au premier plan, à droite, l'*Hôtel des Temples* et une vieille église construite avec des matériaux provenant des ruines, si nombreuses en cet endroit, et au second plan, devant nous et à gauche, émergeant entre les bouquets d'arbres verts, les lignes roses des colonnes doriques, éclairées par le soleil levant.

Et nous ne pouvons nous empêcher de penser à tous les souvenirs classiques qui se pressent en foule dans la mémoire, à ces hommes, à ces faits d'armes qui ont rendu cette terre célèbre, et que nous connaissons depuis le moment presque où nous avons ouvert un livre, traduit une ligne de latin de collège.

C'est Phalaris, le premier tyran d'Agrigente, celui qui inventa le fameux taureau de bronze, qui connut Zénon, qui connut Pythagore; c'est Hiéron, le vainqueur de Carthage; il était l'ami de Pindare et d'Eschyle. Est-ce que la Sicile et la Grèce, la Grèce et la Sicile, ne vont pas toujours ensemble? C'est le savant Empédocle, le Lesseps de l'antiquité; il coupait en deux les montagnes, comme notre sympathique savant coupe les isthmes, et Empédocle plaçait ainsi Agrigente dans d'autres conditions climatériques; il traita avec Philippe, roi de Macédoine, avec Agésilas, roi de Sparte; on sait sa mort singulière dans le cratère de l'Etna. Le port de Girgenti porte encore son nom: *Porto Empedocle*. Ce sont les démêlés et les guerres de Carthage avec Agrigente, qui fut ruinée, détruite de fond en comble; en ce temps-là la ville comptait près d'un million d'habitants.

Il n'y a plus que quatre colonnes du temple de Castor et Pollux. Du temple de Jupiter Olympien, le plus grand de toute la Sicile, il ne reste plus rien; pas une colonne n'élève sa tête vers le ciel ; les colonnes ici étaient lourdes, massives ; nous voyons, couchée au beau milieu de l'ancien emplacement, une énorme cariatide, de celles qui soutenaient la *cella* ; cette gigantesque statue est en quatre ou cinq morceaux rapprochés les uns des autres, et figure encore passablement un gros Atlas. On a bâti le môle de Girgenti avec le temple de Jupiter.

Une seule colonne du temple d'Hercule reste debout, mais les marches sont encore bien visibles ; il contenait une statue très belle du dieu ; Cicéron nous apprend que le proconsul Verrès voulut un jour la voler.

Deux temples enfin sont presque entiers : celui de la Concorde et celui de Junon. Le premier a trente-quatre colonnes, deux frontons : on en avait fait autrefois une chapelle catholique ; le second est moins complet, les frontons étant écroulés : c'est dans ce dernier que l'on avait mis la statue de la déesse par Zeuxis.

Le long du chemin qui nous reconduit à la ville, on voit l'ancienne muraille d'Agrigente ; elle est toute criblée de trous obstrués par des ronces et des arbustes de toutes sortes. Les chrétiens se seraient réfugiés ici autrefois, dans les époques de troubles et de persécution, comme dans d'autres catacombes. Mais ce sont les souvenirs du paganisme qui dominent ici. On peuple ces solitudes par l'imagination, on revoit les richesses de ces lieux sacrés, les vases d'or, les autels de marbre, les meubles précieux, les statues qui étaient des chefs-d'œuvre, les longues théories des hiérophantes en robes de lin, les prêtresses en long voile blanc comme dans les pâles tableaux de Hector Leroux, et les enfants en tunique courte, la tête couronnée de fleurs, un thyrse à la main. Tout portait à la mollesse, et le luxe avait tué Agrigente avant que les Carthaginois vinssent camper devant ses murailles.

— Départ à dix heures le même jour. A Castrogiovani, nous apercevons distinctement l'Etna, neige et feu ; on arrive à Catane à six heures du soir.

DE CATANE A NAPLES

Samedi, 9, à lundi, 11.

Deux choses à voir à Catane : non pas l'Etna, c'est trop loin, trop fatigant et trop difficile ; laissons cela aux membres du club Alpin, aux Anglais enragés ; non pas l'Odéon, le théâtre ancien, insignifiant. Ce qu'il y a à voir, c'est simplement l'aspect général ; Catane est la ville la plus régulière et la mieux tenue de toute la Sicile. Allez après à l'*Orto publico*, il est digne de visite.

La vie est à bon marché ici. Deux francs une bouteille d'excellent syracuse ; *trente centimes* la course en voiture de place ; je l'ai dit, *trente centimes!* et j'étonnerai mes lecteurs, comme j'ai été étonné moi-même ; nous prenions des voitures vingt fois par jour.

Ne pas négliger d'aller chez Angelo Leone, à son magasin de terres cuites ; il a une collection de costumes siciliens et de statuettes très jolies ; les sujets qu'il expose sont des paysans, des pêcheurs, des scènes de famille, des aveugles, des mendiants très réussis, des brigands, des prêtres et des moines, des costumes calabrais et napolitains.

Nous fîmes une visite à l'agent de la Compagnie Transatlantique, M. S***, qui nous reçut très gracieusement. Au cours de la conversation, nous apprîmes qu'il était presque question de supprimer l'escale de Catane, dans l'itinéraire des paquebots de la Compagnie. Cette mesure serait fâcheuse, en vérité, puisque le port de Catane vient d'être déclaré port de première classe, cette année même, par la Chambre des députés siégeant à Monte-Citorio, alors qu'il ne l'était auparavant que de troisième ; il y a de plus des chiffres qui doivent donner à réfléchir : l'exportation dépasse à Catane 250,000 tonnes par an.

Embarquement à dix heures du soir à bord du *Charles-Quint,* des Transatlantiques, à l'ancre au milieu de la rade ; si le batelier qui nous a conduits gentiment au paquebot, en louvoyant à cette heure-là dans les eaux du port, avait voulu nous jeter dans la mer, il l'eût pu ; nous étions à sa merci, occupés entièrement du magique spectacle offert par une belle nuit d'été, bercés par le roulis des flots, endormis et admirant tout à la fois.

Le lendemain nous débarquions à Messine pour assister à la messe à la cathédrale ; la foule remplissait les trois nefs, hommes et femmes ; c'était un beau coup d'œil. Sous la tribune de l'orgue deux grands tableaux, représentant le roi et la reine d'Italie. — Rien à voir à Messine, qui est cependant très curieuse vue du large. Quand nous allons lever l'ancre, à cinq heures du soir, grand remue-ménage à bord, le préfet de Messine et son conseil tout entier s'embarquent avec nous pour Naples ; nous avons l'honneur de dîner avec le *syndaco.*

Le lundi 11, à huit heures du matin, nous sommes en rade de Naples, par le travers de l'escadre italienne qui fait la manœuvre du départ. Le canon tonne : tous les matelots, groupés sur le pont et rangés dans les cordages, mettent le béret à la main, pendant que la musique, à bord du vaisseau amiral, joue l'*hymno*. Magnifique spectacle toujours que cette scène maritime, bien propre à élever l'âme et à l'ennoblir, puisqu'elle évoque les trois sentiments qui nous peuvent conduire le plus haut et le plus loin :

DIEU, LA FAMILLE ET LA PATRIE.

FIN

TABLE

BRETAGNE ET GRANDE-BRETAGNE

I. — Auray. — Le champ des Martyrs. — Sainte Anne.	7
II. — Carnac. — Les alignements.	22
III. — Locmariaquer. — Quibéron.	32
IV. — Belle-Isle en Mer	41
V. — Cornouailles et Léon	49
VI. — A Londres. — Hyde-Park	57
VII. — Saint-Paul. — La tour. — Les docks.	67
VIII. — Westminster Abbey.	75
IX. — Choses anglaises.	80
X. — Édimbourg.	90
XI. — La région des lacs.	101
XII. — Glasgow, Liverpool	109
XIII. — Le comté de Sussex, West-Grinstead.	114

ITALIE ET SICILE
1879

Dans le train	127
Lyon. — Aix-les-Bains	128
La Savoie. — Turin.	130
Milan. — Vue générale.	133
Milan (suite). — *Il duomo.* — Pavie.	134
Milan (suite). — Arrivée à Venise.	137
Venise. — En gondole	142
Venise (suite).	145
Lorette	147
Pescara. — Arrivée à Naples.	151
Naples (suite).	154
Pompéi. — Le Vésuve	159
Naples (suite). — San-Martino.	169
Sorrente	171
Repos.	175
Albano.	*ibid.*

Rome. — Saint-Jean-de-Latran 177
Le Vatican. — Saint-Pierre. — Le Pincio 179
Le Vatican (suite). — Le Capitole. 182
Saint Paul. — Les catacombes 184
Visite au pape Léon XIII 188
Les IIes Vêpres à Saint-Pierre 190
Dernières courses. 191
Florence. 192
Pise. — Gênes. 194
Monaco. — Nice 195
Marseille. 196
Avignon . . . . *ibid.*
Paris . . . . *ibid.*

1883

La Compagnie transatlantique 197
Gênes. 200
San-Geminiano. — Campagne toscane 203
Sienne. — Le moyen âge 205
Sienne (suite). 208
Orvieto 210
La nouvelle Rome. 213
Naples. 216
Palerme 218
La route de Ségeste. 221
Sélinonte. 226
Palerme. — Monreale 228
Palerme (suite). — Le Palais-Royal. 231
Agrigente. — Les temples. 234
De Catane à Naples 237

20936. — Tours, impr. Mame.

www.ingramcontent.com/pod-product-compliance
Lightning Source LLC
Chambersburg PA
CBHW071933160426
43198CB00011B/1385